Rolf Börlin ist in der Schweiz aufgewachsen. Studium der Germanistik, Geschichte und Philosophie. Seit bald 30 Jahren lebt er mit Frau und Tochter in Deutschland. Was den Autor geprägt hat, ist die tiefe Erfahrung, dass wir Menschen in unserem Herzen vom göttlichen Bewusstsein Hilfe bekommen, wenn uns das ein Anliegen ist. Diese Erfahrung ist die Wurzel für seine Bücher.

Rolf Börlin

Die Freiheit

kommt

vom Herzen

Die Entwicklung
der Verwicklung

© 2018 Rolf Börlin

Umschlag: Rolf Börlin

Titelbild: #144062379 | © daria - Fotolia.com

Verlag: tredition GmbH, Hamburg

978-3-7469-4033-5 (Paperback)

978-3-7469-4034-2 (Hardcover)

978-3-7469-4035-9 (e-Book)

Inhaltsverzeichnis

Vorwort 9

Mit den Gedanken schöpfen **11**

Das Drehbuch dieser Welt 14

Der Kampf gegen das Bewusstsein.................. 17

Heimlich hypnotisiert..................................... 20

Massenhypnotisiert 25

Lebensstrom versus Egostrom 27

Wir sind alle Schauspieler 29

Herrschen und Beherrschtwerden **31**

Herrscher erkennen....................................... 34

Hölle selfmade.. 36

Herrscher Porträt 37

Auch Herrscher sind nur Benutzte 38

Brutalität hat zwei Seiten............................... 41

Herrscher sind kleine Lichter 43

Abwertung als Machtinstrument...................... 48

Nicht verzweifeln 51

Die Tricks der Herrscher 54

Ungleichheit ist eine Illusion 58

Herrschen ist gleich Herrschen....................... 59

Umsetzen statt durchsetzen 61

Das Herz braucht keine Herrscher 64

Herrschern keine Energie geben 65

Das Drama des sensiblen Menschen 67

Vorsicht innerer Kritiker 69

Die Entwicklung der Verwicklung 73

Sich vom Bewusstsein entwickeln lassen 74

Die Erlösung kommt vom Herzen 76

Das Bewusstsein um Hilfe bitten 78

Direkt mit Gott sprechen 79

Warum ein offenes Herz wichtig ist 82

Alles richtig machen 84

Frei vom Ego 87

Gedankenkomplexe sind Luftgebilde 88

Der Weg zum wahren Ich 90

Das Herzens-Ich 91

Bestimme Deine Glaubenssätze 92

Realitäten knacken 94

Den Verstand selbst bestimmen 96

Nicht „Kopf hoch" sondern „Herz auf" 97

Innenwärts 99

Der Reichtum in mulmigen Gefühlen 101

Das Herz befreit uns 105

Mit dem Herzen positiv denken 110

Gedanken frei begegnen 112

Gefühlen nicht ausweichen.......................... 113

Den inneren Lichtschalter drücken 115

Sich auffangen lassen................................ 118

Bewusst in die Freiheit............................... 120

Zurück ins Bewusstsein 122

Vereinigt im ewigen Bewusstsein 124

Anmerkungen.. 125

Vorwort

Fast jeder Mensch glaubt, dass andere an seinem Leiden schuld sind. Er macht andere oder äußere Umstände, an denen wiederum andere Schuld sind, dafür verantwortlich, wenn es nicht so läuft, wie er gerne möchte, wenn er nicht den gewünschten Erfolg hat, wenn es ihm schlecht geht. Deshalb kämpft er. Der Kampf gegen andere ist aber nicht der Weg, der uns wirklich befreit, denn wir können die anderen nicht ändern. Uns selbst dagegen können wir jeden Augenblick ändern. Und das ist ein großes Glück.

Wesentlich zu wissen ist, dass wir nur so lange unter der Herrschaft von anderen leiden müssen, wie wir auf der gleichen Frequenz mit ihnen schwingen. Denken wir mithilfe des göttlichen Bewusstseins in unserem Herzen um und begeben uns aus dem Gedankensumpf heraus, den wir mit den vermeintlich „Schuldigen", mit den „Gegnern", mit denen, die uns schlecht wollen, gemeinsam haben, sind wir innerlich frei und die anderen haben keine geistige Macht mehr über uns.

Dass wir frei und glücklich sind und wieder zurückfinden in die Leichtigkeit unseres wahren Seins, ist auch der Wunsch des ewigen Bewusstseins. Die Unfreiheit, unter der wir leiden, kommt nicht von ihm und nicht von anderen. Sie ist die Folge unserer eigenen engen Gedanken und Verhaltensweisen. Mithilfe der Herzenskraft können wir unser Verhalten und unser Denken aber jeden Augenblick ändern und wieder in Einklang mit dem ewigen Bewusstsein bringen. Das ist die Entwicklung der Verwicklung.

Die Erfahrungen und Erkenntnisse, die ich auf diesem inneren Weg bisher sammeln durfte, möchte ich Ihnen mit diesem Buch von ganzem Herzen weitergeben. Gerne empfehle ich Ihnen auch mein Buch: „Schluss mit dem bösen Gott. Aus der Enge in die Freiheit", denn beide Bücher ergänzen und vertiefen sich gegenseitig.

Mit den Gedanken schöpfen

Dass sich jeder Mensch mit seinen Gedanken und Gefühlen die Welt erschafft, in der er lebt, haben viele schon gehört oder gelesen. Als „Gesetz der Anziehung" wird heute dieses uralte Wissen mit ansprechenden Büchern und Filmen einem Millionenpublikum nahe gebracht. Mit „Was du säst, wirst du ernten" hat Jesus von Nazareth dieses kosmische Gesetz bildhaft umschrieben. Darum auch seine einfache, geniale Lebensregel: „Was du nicht willst, dass man dir tu, das füg auch keinem anderen zu."

Für den, der annehmen kann, dass wir uns das Unerwünschte im eigenen Leben selbst zuzuschreiben haben und letztlich niemandem dafür die Schuld geben können, gibt die Möglichkeit, das Schicksal mit bewusstem Denken und Fühlen selbst bestimmen zu können, sehr viel Hoffnung. Hat man doch mit diesem Wissen einen gangbaren Weg in der Hand, wie das ersehnte Leben, das man sich wünscht, Wirklichkeit wird.

Allerdings folgt bei vielen bald die Ernüchterung: Die Gedanken und Gefühle sind nicht so frei, wie sie bisher naiv gedacht hatten. Bewusst und gezielt positive Gedanken zu denken, gelingt ihnen nicht oder nur oberflächlich, dafür drängen unkontrollierbare Gedanken zuhauf aus dem Unterbewusstsein hoch. Und mit dem Glauben an den gewünschten Erfolg klappt es auch überhaupt nicht. Tief innen glauben sie genau ans Gegenteil von dem, was sie bejahen möchten, und es sind auch schnell viele logische Gedanken und schlechte Gefühle da, warum das Gewünschte nicht kommen wird. Auf jeden Fall fühlen sie sich weit entfernt von einer lebendigen Visualisierung der gewünschten Ziele.

Manch einer versucht dann mit dem Kopf durch die Wand zu gehen, was aber nur verhärtet und oft in Frust oder sogar Depression endet. Schließlich geben die meisten Menschen auf und denken: „Was die da geschrieben oder gezeigt haben, funktioniert nicht. Ist alles Quatsch!" Das ist schade. Denn jetzt könnte wirklich der Weg in die Freiheit beginnen.

Es ist der Weg heraus aus der Verwicklung in von uns Menschen selbst geschaffene Gedanken- und Gefühlskomplexe. Ein solcher Gedanken-Energie-Komplex ist zum Beispiel der Minderwertigkeits-Komplex, der uns allen vom Namen her vertraut ist. Wir brauchen den Begriff im normalen Sprachgebrauch, um einen Menschen zu charakterisieren, der sich unterlegen, klein und unbedeutend fühlt. Zum gleichen Komplex gehört auch das gegenteilige Verhalten, das überhöhte Ego-Bewusstsein. Das ist nur einer von unzähligen Gedankenkomplexen, uns ein Begriff, weil die moderne Psychologie ihm einen Namen gegeben hat.

Unser jeweiliger Anteil an solchen Gedankenkomplexen hat jeder einzelne selbst durch sein Denken und Fühlen bestimmt. Ich nenne diese Gedankenkomplexe eigenwillige Egokomplexe, weil sie ihre Existenz nur durch uns Menschen haben. Das göttliche Bewusstsein hat an diesen Komplexen keinen Anteil. Sie sind ausschließlich unsere eigenen Schöpfungen.

Diese eigenwilligen Gedankenkomplexe existieren so lange, wie wir Menschen sie beleben. Wenn alle Menschen ihre Anteile daran löschen, gibt es sie nicht mehr. Diese eigenwilligen Gedanken- und Energie-komplexe, und damit alle Menschen, die diese Komplexe ständig neu beleben, sind dafür verantwortlich, dass wir Mühe haben, gezielt aufbauend und positiv zu denken und zu fühlen. Sie bedrängen uns mit einengenden, unerwünschten und leidvollen Gedanken. Sie sind der laufend ratternde Gedankenstrom in unserem Kopf.

Wenn wir jetzt zusammen „in die Welt schauen", wenn wir die von Menschen geschaffene Welt unter die Lupe nehmen, dann blicken wir auf die eben beschriebenen Ego-Komplexe, und somit auf uns, ihre Erzeuger.

Das Drehbuch dieser Welt

Alles, was wir in dieser Welt erleben und fühlen, hat als Vorläufer Gedanken. Und darum schreiben die Gedanken-Komplexe die Drehbücher für die unzähligen Schauspiele, die in dieser Welt gespielt werden. Jeder Mensch, der nicht dank der Hilfe seines Herzens wach und bewusst lebt, wird von diesen Gedanken-

Energiefeldern gelebt. Sie führen Regie und bestimmen die Rolle, die er in dem von ihnen inszenierten Schauspiel spielen soll.

Natürlich wollen die Ego-Komplexe im Kopf und die dazu gehörende emotionale Welt uns laufend weismachen, dass sie unser Leben sind. Sie sind es aber nur so weit, wie wir uns mit ihnen identifizieren.

Woraus besteht die Ich-Gedankenwelt? Aus Geschichten und Kämpfen. Keiner kann uns das eindrücklicher näher bringen als der liebenswerte Eckehart Tolle: „Meistens ist es das Ego, das aus Dir spricht, wenn du „ich" sagst, und nicht du selbst... Es setzt sich aus Gedanken und Emotionen zusammen, aus einem Bündel von Erinnerungen, mit denen du dich als „ich und meine Geschichten" identifizierst, aus Rollen, die du gewohnheitsmäßig spielst, ohne es zu wissen, und aus kollektiven Identifikationen wie Nationalitäten, Religion, Rasse, Gesellschaftsschicht oder politischen Parteien. Es besteht darüber hinaus aus persönlichen Identifikationen, nicht nur mit Besitztümern, sondern auch mit Meinungen, äußerer Erscheinung, lang gehegten Abneigungen und Vorstellungen von dir selbst als anderen über- oder unterlegen, als Erfolgsmensch oder Versager."[1)

Wer denkt sich die Geschichten aus? Wer weist uns die Rolle zu? Ich kann Ihnen versichern, Gott, das ewige Bewusstsein, ist es nicht. Er lässt sie nur zu und hilft uns mit Bewusstheit. Wer ist es dann? Wir selbst mit unserer Rollenidentifikation.

So schreiben wir alle mit am Drama dieser Welt, oder besser ausgedrückt, an den unzähligen Schauspielen, die laufend aufgeführt werden, an den unzähligen Filmen, die laufend abspulen. Denn was da im Kopf läuft und von uns mit unserer Glaubenskraft gefüllt wird, wird zum Drehbuch dieser Welt.

Freilich gibt es Herrscher, welche diese Weltenschauspiele im besonderen Maße prägen und bestimmen wollen. Herrscher, die alles unternehmen, dass sie laufend Regie führen können und dass die anderen Schauspieler sich mit der Rolle identifizieren, die sie ihnen auftragen. Darum ist ihre wichtigste Wirkungsstätte da, wo die Drehbücher geschrieben werden, im Kopf. Da erfolgt die Hauptmanipulation.

Das größte Hindernis für die Herrscher ist das Bewusstsein, denn bewusste Menschen lassen sich nicht mehr so leicht manipulieren und steuern. Bewusste Menschen schreiben nicht mehr mit an den engen, eigenwilligen und traurigen Drehbüchern dieser Welt. Sie verlieren sich nicht mehr in Geschichten und Kämpfen. Darum ist das Bewusstsein der Weg für uns alle, die wir uns nach Freiheit, Licht und Liebe sehnen.

Gott, das ewige Bewusstsein, finden wir in unserem Herzen. Wenn wir uns dem göttlichen Bewusstsein ehrlich anvertrauen und es um Führung und Hilfe, um seinen Schutz und sein Heil bitten im Sinne von „Dein Wille geschehe", dann wachen wir mehr und mehr auf aus dem Schlaf dieser Welt.

Der Kampf gegen das Bewusstsein

Alle Gedanken-Energiefelder zusammen bilden das, was heute viele als Matrix bezeichnen. Was macht die Matrix-Welt aus? Sie ist nicht wirklich real, wie wir uns das vorstellen, sondern ein Programm (Software), das den Menschen Realität vorgaukelt, um sie als Energielieferanten benutzen zu können. Die vielen Ego-Gedanken-Energiefelder, die uns das Leben schwer machen, leben also davon, dass wir sie mit unserer Energie am Leben halten.

Darum hat jeder Ego-Gedanken-Komplex Interesse daran, dass wir uns immer in ihm aufhalten und seinen Spielregeln folgen, denn davon lebt er. Um dieses Ziel zu erreichen, hat er Tricks, die im Wesentlichen darauf basieren, die Schwächen von uns für sich zu nutzen.

Das ewige Bewusstsein, zu dem wir in unserem Herzen jeden Augenblick Zugang haben, wenn wir wollen, steht über diesen Ego-Gedanken-Energiefeldern und lässt sich auf diese nicht ein. Darum bedeutet Bewusstsein für die Ego-Komplexe und ihre menschlichen Profiteure, ihre Erzeuger, eine Gefahr. Es könnte ja die unbewussten Energielieferanten aufwecken.

Darum bekämpfen sie das Bewusstsein und wollen die erwachenden Menschen zum Schweigen bringen.

Darum werden geistige Gruppen und Bewegungen, die nicht in das Matrix-System eingebunden sind, sofort bekämpft.

Darum werden entlarvende Tatsachen und Erkenntnisse als Verschwörungstheorien lächerlich gemacht und deren Verfechter als Extremisten gebrandmarkt.

Darum werden wir Menschen über ein ausgebautes Mediensystem permanent mit Ego-Nahrung gefüttert und überflutet, auf dass für das ewige Bewusstsein kein Raum mehr bleibt.

Darum werden wissenschaftliche Tatsachen, die das Matrix-System gefährden können, von den etablierten und somit Matrix gebundenen Wissenschaftlern einfach ignoriert, übergangen oder als unbewiesen zur Seite geschoben.

Darum…

Wollen Sie ein Kind der Matrix-Komplexe sein? Das ist nicht schwer. Sie müssen sich nicht darum bemühen, die Ego-Komplexe bemühen sich schon um sie. Leben Sie einfach nur unbewusst weiter.

Möchten Sie sich von der Matrix lösen? Das ist schwerer, aber nicht unmöglich. Wenn Sie den Schleier der Täuschung ablegen wollen, bekommen Sie in Ihrem Herzen Hilfe vom ewigen Bewusstsein. Voraussetzung ist: Sie meinen es ehrlich und aufrichtig. Es ist Ihnen ein inneres Anliegen. Dann ist unaufhörlich Hilfe da und Ihr Bewusstsein wächst. Und der innere Weg heim in die Leichtigkeit und in die Freiheit unseres wahren Seins tut sich auf.

Heimlich hypnotisiert

Sie haben vielleicht auch schon einmal eine Hypnoseshow gesehen. Wenn nicht, würde ich Ihnen das anraten. Es gibt viele solche Hypnoseshows auch auf Youtube zu sehen.

Der Hypnotiseur will zum Beispiel bei dem Hypnotisierten erreichen, dass er seinen Arm nicht mehr heben kann, wenn er wieder aufwacht. Wie erreicht er das? Er programmiert ihn entsprechend, d.h. er suggeriert ihm immer und immer wieder das zu erreichende Ziel auf der Ebene des hypnotischen Bewusstseins, in dem der Hypnotisierte sich befindet. Dabei konstruiert er auch gedankliche Ausweglosigkeiten.

So führt der Hypnotiseur seinen „Probanden" schon in einen tiefen, hypnotischen Schlaf. „Du schläfst immer tiefer und tiefer, und dabei geht es dir sehr gut. Ich zähle bis drei und mit jeder Zahl schläfst du noch tiefer. Dein Körper wird schwer und schwerer, und je schwerer er wird, desto tiefer schläfst du. Und du merkst auch, je mehr du dich dagegen wehrst, desto tiefer sinkst du in den Schlaf." Es gibt kein Entrinnen, der Weg ist vorgegeben und von ihm kann nicht abgewichen werden. Irgendwann suggeriert der Hypnotiseur ihm dann zum Beispiel: „Dein rechter Arm ist schwer und wird immer schwerer und schwerer. Je mehr du ihn zu bewegen oder heben versuchst, desto schwerer wird er." Wieder eine Ausweglosigkeit und Endlosspirale. „Der Arm ist wie am Körper angewachsen", geht dann zum Beispiel die Suggestion weiter. „Du kannst ihn nicht mehr bewegen. Je mehr du es versuchst, desto fester klebt er am Körper." Und wieder die Ausweglosigkeit. Das bewirkt, dass der aus dem hypnotischen Schlaf Erwachte tatsächlich seinen

Arm nicht mehr bewegen kann, bis der Hypnotiseur ihn mit einer anderen Suggestion befreit.

Genauso wie die Show-Hypnotiseure arbeiten auch die Ego-Gedanken-Energiefelder und ihre Profiteure. Wer seine Gedanken beobachtet, weiß, dass allen dunklen Ereignisse und auch allen körperlichen Beschwerden entsprechend dunkle Gedanken (Suggestionen) vorausgehen. Die meisten Menschen achten nicht auf ihre Gedanken und lassen sich darum von dem Gedankenstrom, sprich den Gedanken-Suggestionen, wie die Hypnotisierten auf der Show-Bühne freiwillig und blind programmieren und steuern.

Die unzähligen Gedanken, die in uns Menschen ablaufen, sind voll mit Ausweglosigkeiten und abwärts drehenden Gedankenspiralen. Wer seine Gedanken bewusst beobachtet, merkt das bald. Auch der merkt es, der seine Gedanken selbst bestimmen will zum Beispiel im Sinne des positiven Denkens. Darum fällt uns allen das positive und aufbauende Denken so schwer.

Die Profiteure der Ego-Gedanken-Komplexe haben natürlich kein Interesse daran, den suggestiven Ge-

dankenstrom, der von den Ego-Energiefeldern aus-
geht, abzuschalten, wenigstens so lange nicht, wie sie
davon profitieren. Im Gegenteil: Sie nähren ihn. Leider
stoppen auch die Hypnotisierten die manipulierenden
Gedanken nicht, weil sie hypnotisiert sind und nicht
merken, was abläuft. Nur deshalb ist diese Welt so,
wie sie ist. Und auch nur deshalb kann eine kleine
Minderheit die Welt dominieren.

Manche Hypnotiseure holen sich von dem zu Hypnotisierenden noch vor der Hypnose nicht nur das aus-
drückliche Einverständnis, ihn hypnotisieren und sug-
gestiv manipulieren zu dürfen, sondern auch das Ver-
sprechen, freiwillig selber alles zu tun, um so schnell
wie möglich in den hypnotischen Zustand zu fallen.
Der durch die Suggestion bewirkte hypnotische Zustand wird ihm als ein tolles Erlebnis verkauft, das
Spaß verspricht und etwas Erstrebenswertes ist. Auch
beteuert der Hypnotiseur dem zu Hypnotisierenden,
dass er ihn gegen seinen Willen weder hypnotisieren
wolle noch könne. Es liege alles an seiner Freiwillig-
keit, ob es gelingt oder nicht. Und so lassen sich viele
freiwillig auf die Hypnose und die Suggestionen ein

und geben in freudiger Erwartung ihre Zustimmung dazu.

Dasselbe kann man auch auf der Weltenbühne beobachten. So vieles wird uns heute als „in", „geil", „toll", „modern", „super", „lässig", „angenehm" angepriesen, was es aus einer tieferen Sicht gar nicht ist. Und umgekehrt: Erstrebenswertes wird lächerlich gemacht und als „spießig", „doof", „von gestern", „überholt", „daneben" usw. abgetan. Kritische Stimmen, die uns erwecken könnten, werden mit einem Schimpfwort (z.B. „Verschwörungstheoretiker", „Sektierer", „Linker", „Rechter"…) als rotes Tuch gebrandmarkt, damit sich möglichst niemand mit ihrer Botschaft befasst. Die Massenmedien spielen dabei eine Hauptrolle.

Das erhöht die freiwillige Aufnahmefähigkeit der Menschen für die gewünschten Gedanken-Suggestionen.

Was können wir tun? Bewusstsein entwickeln. Suggestionen funktionieren nicht bei einem Menschen, der die Suggestionen und ihre Ausweglosigkeiten und Endlosspiralen durchschaut. Wie erlangen wir diese Bewusstheit? Nicht mit unserem Kopf, nicht mit unserem Verstand und unserem Eigenwillen. Aber mit unserem Herzen, denn dort fließt das ewige, göttliche Bewusstsein, das über allen eigenwilligen Programmen (Software) der Ego-Welt steht. Die demütige und ehrliche, aufrichtige Hingabe an das göttliche Bewusstsein in unserem Herzen bringt uns die Wachheit.

Vergessen wir nicht, das göttliche Bewusstsein immer wieder um seine Hilfe und seinen Schutz und sein Heil zu bitten, denn das göttliche Bewusstsein beachtet den freien Willen.

Massenhypnotisiert

Warum laufen Menschen eingespurt herum und sind neuen, befreienden Erkenntnissen und Möglichkeiten gegenüber verschlossen? Warum sind Menschen energiearm, leblos und voll mit Minderwertigkeitskomplexen und Schuldgefühlen? Warum sind umgekehrt Menschen aufgekratzt und aggressiv?

Weil sie sich von den Ego-Energiefeldern leben und bestimmen lassen. So lange wir der Ego-Suggestion in uns mehr glauben und vertrauen als unserem Herzen, hat das Ego Macht über uns. Denn seine Suggestionen dringen in uns ein und können sich in uns festsetzen, und wir identifizieren uns mit ihnen. Wir übernehmen seine Vorstellungen, seine Geschichten, seine Wünsche und seine Befehle. Wir lassen uns hypnotisieren.

Ein Hypnotiseur hat nur Macht über den Hypnotisierten, weil es ihm gelingt, seine Suggestionen in den Körpercomputer des Betroffenen als absolute Glaubenssätze einzupflanzen.

Auf analoge Weise beherrschen die Ego-Gedanken-Komplexe und ihre Profiteure uns Menschen. Wir Menschen sind Massenhypnotisierte!

Was hilft uns? Nur das Bewusstsein! Die innige Hinwendung an das Herz, wo das göttliche Bewusstsein wohnt, lässt uns erwachen und aufgezwungene Glaubenssätze als solche erkennen!

Lebensstrom versus Egostrom

Wer sich nicht der Herzenskraft zuwendet, sondern sich einfach nur von seinen Gedanken und Gefühlen unbewusst dominieren lässt, der ist ständig am Kämpfen, Schimpfen, Jammern, Leiden, sich Brüsten und Wichtigtun. Denn analog zum ewig fließenden, aufbauenden Lebens- und Bewusstseinsstrom im Herzen gibt es auch den Egostrom, sprich die Manipulation der Gedanken-Energiefelder.

Der Egostrom beachtet im Gegensatz zum Lebensstrom unseren freien Willen nicht. Er drängt und bedrängt uns und treibt und lebt uns entsprechend unseren Resonanzen, die wir mit ihm haben. Gehen wir mit dem Egostrom auf Resonanz, umwölken uns seine engen Gedanken und decken das innere Licht ab.

Der Egostrom führt uns, wenn wir ihm unbewusst folgen, in eine Sackgasse. Wir enden mit ihm früher oder später in Hoffnungslosigkeit, Ausweglosigkeit, Trostlosigkeit. Wir können, blind auf den Egostrom ausgerichtet, noch so viel versuchen, es gibt kein wirkliches Weiterkommen. Was auch immer wir probieren, es führt uns nicht in die Freiheit. Mauern und Wände aus Drohungen, Ängsten und scheinlogischen Argumenten türmen sich auf, Hindernisse stellen sich in den Weg. Wir können uns noch so sehr dagegen wehren, noch so schimpfen, wettern, hadern, noch so viele Illusionen aufbauen, es gibt kein eigenwilliges Entrinnen.

Das zu erkennen, macht frei und führt uns in den Lebensstrom, in die Geborgenheit und Freiheit des ewigen Bewusstseins. Das Bewusstsein will nicht, dass wir leiden. Darum hilft es uns unaufhörlich, wenn wir das wollen, unser Bewusstsein zu entfalten. Wer das allerdings nicht will und die Hilfe ausschlägt, dem lässt es auch den freien Willen, sein Leben in der selbst geschaffenen Enge zu verbringen.

Den Egostrom zu verdrängen, ist falsch, selbst wenn er noch so negativ und eigensüchtig ist. Sich nicht mehr von ihm und somit von den Gedanken-Energiefeldern leben zu lassen, sondern ihm bewusst und mit dem Klarblick des Herzens zu begegnen, ist der richtige Weg. Nicht gegen ihn kämpfen, nicht ihn weghaben wollen, macht frei, sondern ihn mit dem Bewusstsein des Herzens durchdringen.

Wir sind alle Schauspieler

Unsere wahre Identität ist das Kind Gottes, das wunderbare Wesen, welches das ewige Urbewusstsein erschaffen hat. Das Wesen, das im Urfeld des göttlichen Bewusstseins lebt und ewig und unendlich frei ist. Wir Menschen jedoch identifizieren uns meistens mit den Ego-Feldern, den Ego-Komplexen, und den diversen Rollen, die wir auf der großen Weltenbühne spielen wollen.

Die Weltenbühne ist das Produkt unseres eigenen Wollens. Die Weltenbühne braucht viele Schauspieler aller Schattierungen und krasser Gegensätze: Reiche und Arme, Mächtige und Schwache, Herrscher und Beherrschte, Wichtige und Unwichtige, Schöne und Hässliche, Erfolgreiche und Erfolglose, Hauptrollen und Nebenrollen…

Wie lange spielen wir solche Rollen? Solange, bis wir genug davon haben und selber aussteigen wollen. Der Ausstieg ist allerdings nicht immer einfach. Wir alle sind so ins Theater spielen vertieft und auf dieser Weltenbühne verwickelt, dass die Entwicklung meist nur Schritt für Schritt möglich ist.

Es ist schon ein Erfolg, wenn wir uns bewusst sind, dass wir nur eine Rolle spielen und welche Rolle wir im Moment gerade spielen. Auch, welche Rolle wir gerne spielen möchten. Die gespielte Rolle ist ja nicht des Schauspielers wahre Identität.

Ein wichtiger Schritt ist auch, die Dominanz des Verstandes loszulassen, im Herzen die Orientierung zu finden und mit der Herzenskraft gewahr zu werden, wie es sich jetzt in dieser Rolle, die wir gerade spielen, anfühlt. Und wie es anderen mit ihrer Rolle geht.

Im Herzen müssen wir keine Rolle spielen. Wir dürfen bewusst sein, wer wir im tiefsten Inneren wirklich sind.

Herrschen und Beherrschtwerden

Jeder hat nach dem ewigen Bewusstsein das Recht, so zu leben, wie er will. Dabei gilt: Was er sät, wird er ernten. Was er allerdings nicht das Recht hat, ist, einem anderen Menschen seinen Willen aufzuzwingen. Damit wird er zum Herrscher und verstößt gegen das Gesetz des Lebens. Er will damit selber sein wie Gott. Und dafür bekommt er vom göttlichen Bewusstsein keine Energie.

Er trennt sich also mit einem solchen Vorhaben von der inneren Energiezufuhr, von der Lebensquelle. Die Folgen sind offensichtlich. Je weniger innere geistige Energie in ihm fließt, desto eingeschränkter und lebloser wird er, desto trister, düsterer und enger sind seine Gedanken und Gefühle, desto größer seine Angst. Er hat natürlich jeden Augenblick die Möglichkeit, umzudrehen. Das Bewusstsein hilft ihm, wenn er das will, seinen Verstoß gegen das göttliche Gesetz zu sehen und zu erkennen, was er damit anrichtet, auf dass ihm sein „Fehlverhalten" bewusst wird, und er sich davon befreien kann.

Wenn er das allerdings nicht will, dann wird er energetisch mit jedem Verstoß ärmer. Da er darunter leidet, versucht er, irgendwie wieder zu Energie zu kommen. Wenn er sie vom Bewusstsein wegen seiner Uneinsichtigkeit nicht bekommt, versucht er sie mit Tricks und Gewalt anderen Menschen zu stehlen.

Die meisten Menschen glauben, einige Herrscher in dieser Welt seien mächtig. Gegen das, was die wollen und tun, würden wir alle keine Chance haben. Realität aber ist, dass die innere göttliche Quelle für die eigenwilligen Machtvorhaben von Herrschern genauso wenig fließt wie für unsere eigenwilligen Vorhaben. Die Herrscher brauchen dafür die Energie von anderen Menschen. Andere Menschen müssen also ihr Vorhaben in Gedanken und Gefühlen mittragen.

Freilich tun das viele Menschen, weil sie auf die Tricks von Herrschern hereinfallen und fehlinformiert sind. Und wer klar sieht, was läuft, gibt ihnen seine Energie trotzdem oft, weil er glaubt, hilflos dieser Übermacht infolge ihrer Herrschaft über Geld, Militär und Medien usw. ausgeliefert zu sein.

Das liegt daran, dass wir alle noch stark auf das Äußere ausgerichtet sind und noch nicht oder nicht tief genug begriffen haben, dass die äußere Welt, auch diese materielle Welt, nur der Spiegel unseres Inneren ist, der Spiegel unserer Haltungen und den damit verbundenen Gedanken und Gefühlen. Wenn wir im Inneren zum Beispiel glauben, hilflos ausgeliefert zu sein, dann sind wir das auch. Unser Glaube verwirklicht sich. Und die eigentlich machtlosen Mächtigen profitieren davon.

Was können wir tun? Eines vorweg: Inneres Heldentum bringt nichts und führt nur zu einem aufgeblähten Ego. Wir alle sind als Ego, geistig gesehen, hilflose Wesen. Unser innerstes Wesen, das in Gott ruht, ist einzig und allein strahlend, weil das ewige Bewusstsein in ihm die Lebensquelle ist. Die Ent-wicklung (=Auflösen der Ver-wicklung) zurück zu diesem innersten, kosmischen Wesen ist unser aller Weg. Auch den können wir nicht eigenwillig gehen, sondern nur mit der Hilfe und Führung des göttlichen Bewusstseins, der ewigen Lebensquelle und kosmischen Intelligenz, die wir als Mensch in unserem Herzen finden.

Herrscher erkennen

Es gibt viele Herrscher, die leben nach dem Motto: „Angriff ist die beste Verteidigung". Statt sich selbst zu hinterfragen, hinterfragen sie lieber die anderen. Statt den kritischen Fokus auf sich selbst zu richten, dreschen sie lieber auf andere ein und werten sie ab. Diese Herrscher sind nicht ehrlich. Sie geben nicht zu, dass es ihnen nur um Macht und Herrschaft geht oder dass ihnen Energie fehlt und sie sich schlecht fühlen. Sie ziehen sich oft ein Deckmäntelchen an und geben sich als Verfechter des Guten. Sie treten auf, als wären sie Gott selbst: absolut, fordernd, drohend, befehlend, kritisierend, wertend ohne mit der Wimper zu zucken…

Leider fallen viele Menschen auf diesen Betrug herein und lassen sich von diesen Herrschern einschüchtern, Angst machen. Sie kaufen ihnen ihre scheinbar logischen Argumente ab und dienern ihnen im naiven Glauben: „Die wissen es besser als ich." Im Unterbewusstsein glauben sie oft sogar, es spreche Gott zu ihnen. Vor allem dann, wenn die Herrscher als innerer Kritiker, als innerer Sittenwächter oder als innerer Richter auf sie ein donnern.

Nur, einen bösen Gott gibt es nicht! Das ewige Bewusstsein, Gott, ist Liebe, Güte, Verständnis, Wohlwollen und Einfühlsamkeit. Das Bewusstsein tritt nie fordernd und befehlend auf, kennt keine Drohungen, keine Strafen. Es hilft.

Je mehr wir im ewigen Bewusstsein in unserem Herzen wieder unsere innere Heimat finden, desto klarer sehen und erkennen wir. Wir blicken hinter die aufgesetzten Gesichter. Wir vermögen ihren Betrug und ihre Lügen zu sehen, denn wir fangen an, auch uns selbst und unsere eigenen Selbstlügen ungeschminkt wahrzunehmen und zu entlarven, was die Voraussetzung ist für einen klaren Blick.

Hölle selfmade

Möchten Sie gerne Macht haben? Herrschen können? Alle dominieren können? Allen sagen, was sie zu tun haben, wo es lang geht? Alle müssen Ihnen gehorchen, müssen tun, was Sie wollen? Nach Ihrer Pfeife tanzen? Glauben Sie, dass Sie dann glücklich wären?

Ich kann Ihnen versichern, dann sind Sie der unglücklichste Mensch, den es gibt. Sie haben keinen Menschen mehr, der Sie wirklich liebt. Sie haben keinen Freund mehr, keinen Vertrauten mehr, keinen, der für Sie ist. Und Sie sind verantwortlich für unzählige unglückliche Menschen, die traurig sind, fertig und hoffnungslos sind, die ein trostloses Dasein haben, die vegetieren müssen statt leben.

Und Ihnen gegenüber stehen nur Menschen, die warten, bis sie sich von Ihnen losreißen können, bis sie Sie besiegen und fertig machen können. Ihnen gegenüber stehen nur Getäuschte, Betrogene, Belogene oder Gekaufte, Heuchler, Unterwürfige, Geknechtete, Hilflose, Gedemütigte, Wehrlose. Und ein unvorstellbarer Hass und eine Verachtung strahlen Ihnen von allen

Seiten und hinter aufgesetzten Gesichtern entgegen. Sie sind dann zwar ein Fürst, aber ein Fürst der Hölle.

Herrscher Porträt

Herrscher treten oft so absolut und sicher auf, als wären sie Gott. Sie weichen keinen Millimeter von ihrem Kurs ab. Sie reflektieren ihre Überzeugung nicht, sie vertreten sie drohend, stur und knallhart mit allen Konsequenzen. So betrügen sie viele unbewusste Menschen, zwingen sie auf die Knie vor ihnen und machen sie von sich abhängig. So erzeugen sie in Menschen Unsicherheit und den Glauben an einen bösen Gott, dem man unreflektiert gehorchen muss. So dröhnen sie die Herzensquelle zu. So bringen sie viele Menschen dazu, dass sie Dinge vertreten, die ihrem Herzen diametral entgegengesetzt sind. So lassen sie Menschen an die Notwendigkeit von Krieg und Not und Kampf und Leiden glauben. So machen sie aus mitfühlenden Menschen funktionierende Roboter.

Die Herrscher selbst befinden sich seelisch oft in einem dunklen, bemitleidenswerten Zustand. Ihr Karma drängt sie. Was sie anderen antun und angetan haben, drückt auf ihre Seele. Statt ihr Leiden anzuschauen und durch Bewusstsein, Einsicht und Reue zu lösen, flüchten sie in den Verstand und den dunklen Ego-Kampf gegen das Bewusstsein. Um weiter auf Kosten anderer leben zu können, herrschen sie immer mehr und hecken ständig neue Strategien aus, um an der Macht zu bleiben. Doch der Sisyphos-Stein rollt immer wieder.

Auch Herrscher sind nur Benutzte

Ein Ego-Komplex, der sich verselbständigt hat, hat trotzdem kein Selbstleben. Er braucht uns Menschen als Energielieferanten. Er lebt durch uns. Er braucht Menschen, die er ausnutzen und Menschen, die er benutzen kann. So benutzt er auch die Menschen, die herrschen wollen. Nur merken die nicht, dass sie Benutzte sind, weil sie scheinbar vom Ego-Energiefeld profitieren. Sie sind die Sieger in dem Machtspiel, welches der Ego-Komplex inszeniert, um zu seiner Energie zu kommen. Sie sind seine Ausführenden, seine Handlanger, seine Diener.

In seinem Auftrag herrschen sie über andere Menschen, um diese Menschen nieder zu machen, klein zu machen, zu Beherrschten zu machen. In seinem Auftrag knechten sie Menschen, besiegen sie Menschen, bis sie ein Häufchen Elend sind und sich hilflos, leidend, traurig, minderwertig und verzweifelt fühlen, bis sie also in dem Zustand sind, wo der Ego-Komplex sie ausnutzen kann, wo sie „freiwillig" ihm ihre Energie abgeben.

Sie, die Ausgenutzten, übernehmen dann die unzähligen Leidensgeschichten, die den Ego-Energie-Komplex schaffen. Und sie erzählen sie leidend immer wieder und wieder und tun damit das, was der Ego-Komplex will. Sie nähren ihn mit Energie.

Die Herrscher, die Benutzten, profitieren von dieser Energie, aber nur so lange, wie sie dem Ego-Komplex nützlich sind, wie sie ihm dienern und seine Wünsche erfüllen. Wenn der Ego-Komplex sie nicht mehr benutzen kann, dann nutzt er sie aus. Sie müssen die Rolle wechseln. Dann werden sie zum Verlierer, aus dem Sieger wird der Besiegte, aus dem Herrscher wird der Beherrschte, aus dem Dominierenden wird der Dominierte, aus dem Aufgewerteten wird der Abgewertete, aus dem Profitierenden wird der Ausgenutzte. Dem Ego-Komplex ist es egal, wer welche Rolle spielt. Treue ist ihm auch ein Fremdwort, ihm geht es nur ums Überleben, er braucht Energie, wie und von wem er sie bekommt, spielt ihm keine Rolle.

Einem Ego-Komplex zu dienen, ist bestenfalls kurzfristig interessant, langfristig aber ein Trauerspiel, ein Fiasko. Keiner schafft es, immer auf der Siegerseite zu bleiben. Früher oder später, im Diesseits oder im Jenseits, überrollt auch ihn die Konterenergie. Der Spieß wird umgedreht.

Das Einzige, was uns allen nützt, ist die Auflösung aller Ego-Energie-Komplexe. Wie schaffen wir das? Indem wir ihnen bewusst keine Energie mehr geben und indem wir ihnen bewusst nicht mehr dienern. Indem wir uns von ihnen bewusst nicht mehr einspannen und bewusst nicht mehr ausnutzen lassen. Dann lösen wir auf, was wir selbst geschaffen haben. Dann ziehen wir den selbst geschaffenen Schleier weg, der unser wahres, inneres Wesen überdeckt. Dann werden wir wieder zu dem glücklichen und erfüllten Wesen, das wir in der Tiefe und in Wahrheit alle sind. Und je mehr mitmachen, desto leichter finden wir wieder heim.

Bewusstsein ist unser wahres Wesen, und darum ist auch Bewusstsein der Weg, der uns aus der selbst geschaffenen Enge herausführt. Das Bewusstsein hilft uns jeden Augenblick, wenn wir das wollen, bewusst die Enge zu verlassen, um die ewige Freiheit zu atmen.

Brutalität hat zwei Seiten

Warum lassen sich viele Menschen gerne mit Action und Brutalität unterhalten. Weil in diesen Filmen, Spielen oder Romanen vor allem die Siegerseite erlebbar gemacht wird. Und aus der Sicht des Siegers können sich Schlachten, Brutalitäten, Gewalt „angenehm" anfühlen. Was aber ist mit der anderen Seite, der

Seite des Verlierers, des Loosers? Da tut sich ein In-
ferno auf. Der Täter genießt möglicherweise die Ver-
gewaltigung lustvoll, was aber ist mit der Seite des
Opfers? Da sieht die Welt ganz anders aus: Elend,
Ohnmacht, Angst, Horror, Bedrohung, Trauma…

Jeder darf sicher sein: Er bleibt nicht immer auf der
Gewinnerseite, auch wenn Menschen vermeinen, immer auf der Siegerseite bleiben zu können. Die Verlie-
rerseite kommt früher oder später auf jeden zu. Und
wer umdrehen will, um zum ewigen Bewusstsein zurückzukehren, kommt auch nicht darum herum, aus
der Sicht des Verlieres anzuschauen und zu fühlen,
was er als Sieger anderen angetan hat, und umgekehrt.

Darum sollten wir unsere Gedanken und Gefühle mit
dem Herzen prüfen. Emotionen blindwütig auszuleben,
ist nicht schwer, nachher anzusehen, was man ange-
richtet hat, aber schon sehr. Das ist wohl auch der
Grund, warum Menschen sich oft schwer tun, ihr Herz
zu öffnen. Das Herz macht die andere Seite innerlich
erlebbar!

Herrscher sind kleine Lichter

Das Leben gibt uns für unsere eigenwilligen Absichten keine Energie. Wenn wir herrschen wollen, also eine Welt schöpfen wollen, in der alles nach unserer Pfeife tanzen muss, dann bekommen wir dafür aus unserem geistigen Herzen keine Energie, keine Lebenskraft. Herrscher sind darum immer kleine Lichter, also energiearm vom Herzen. Darum müssen sie herrschen. Sie sind die klassischen Erzeuger der Ego-Gedanken-Energiefelder. Um ihre eigenwilligen Vorhaben umsetzen zu können, brauchen sie die Lebensenergie von anderen Menschen.

Da ihnen normalerweise niemand freiwillig Energie gibt, müssen die lichtarmen Herrscher die lichtvolleren Menschen bestehlen oder zur Energieabgabe zwingen oder auch sie mit irgendeiner Täuschung dazu bringen, dass sie „freiwillig", also irrtümlicherweise ihnen ihre Energie abgeben. Das ist ein fieses Spiel!

Schauen wir uns einmal im Kleinen an, in der Partnerschaft, in der Familie, im Freundes- und Bekannten-

kreis, am Arbeitsplatz usw., wie diese Energieumverteilung geschieht:

Ganz alltäglich ist das Auf- und Abwerten, eine Herr-
scher-Technik, die wir mehr oder weniger alle einsetzen, ohne es zu merken. Statt einen anderen Menschen zu verstehen und ihm zu helfen, schimpfen wir
über ihn und heben hervor, was er alles schlecht
macht, wie daneben und wie doof er ist. Wir machen
ihn also klein und schlecht und uns selbst groß und
gut.

Lässt sich der andere abwerten, nimmt er also wer-
tende Projektionen an, dann gibt er unbewusst Energie
ab und wird somit energieärmer. Er merkt es, weil er
müde und träge wird, sich vielleicht auch schlecht,
kraftlos oder minderwertig fühlt, eben energieloser. Er
ist seine Energie los. Der Abwertende benutzt jetzt
seine Energie. Natürlich nur auf Zeit, denn irgendwann
dreht der Spieß, der Abgewertete wird bewusster und
klarer, und der Energieräuber muss ihm die Energie
zurückgeben. Vielleicht werden auch die Rollen ver-
tauscht.

Diese Energieumverteilung passiert für uns Menschen unsichtbar. Vieles läuft nur über Gedanken und Gefühle. Ein Mensch gibt unter Umständen seine Energie an andere ab, ohne dass er äußerlich etwas mit ihnen zu tun hat, ja, ohne dass er sie kennt. Es läuft rein mental auf der Gedanken- und Gefühlsebene. Darum ist es so wichtig, dass wir bewusst leben und unsere Gedanken kennen, statt sie einfach blind laufen zu lassen. Wer nämlich seine Gedanken, Gefühle und Glaubenssätze kennt, kann rechtzeitig eingreifen, bevor er Opfer oder Täter wird.

Bei diesem alltäglichen Spiel wechseln wir natürlich oft die Rolle. Manchmal sind wir in der Rolle des Opfers, manchmal sind wir Täter – und das sogar gleichzeitig. Das Wort wir – statt ich – kann auch berechtigt sein, weil wir uns gerne mit anderen verbünden, um einen Menschen oder Menschengruppen niederzumachen. Man denke nur an die schimpfenden Gespräche, welches ja leider die häufigsten Gespräche sein sollen, an den Klatsch, der auch unsere Zeitungen und Illustrierten füllt.

Tricks der Herrscher, um anderen ihre Energie zu nehmen, sind auch Nörgeln, Jammern und Klagen, Schlagen, Befehlen, Einschüchtern, Druck erzeugen, Positionen ausnutzen, aber auch Schmeicheln, Zeit beanspruchen, Täuschen, Lügen, Inszenieren, Delegieren, hartnäckiges Dranbleiben usw. Wir können uns sicher Alltagssituationen in der Partnerschaft, in der Familie, am Arbeitsplatz, auf dem Schulhof, im Klassenzimmer, im Verein usw. vorstellen, wo dieses Herrschen beobachtbar ist und die Auswirkungen bei den Beraubten deutlich sind.

Leider findet dieser Energieraub auch im großen Rahmen statt. Und die oben genannten Herrscher-Methoden werden auch von großen Herrschern angewendet, um die Volksenergie für ihre eigenwilligen Vorhaben benutzen zu können. Während früher erfundene Klassenunterschiede, religiöser Terror und offene Gewalt die Hauptmachtmittel waren, ist man heute in einer aufgeklärteren Gesellschaft zwangsweise trickreicher geworden. Massenmedien, ein etabliertes Geld- und Finanzsystem, ein ausgebautes Verkehrsnetz, Konzernstrukturen und versteckte Kriegstechniken bieten auch ganz neue Möglichkeiten, den Volkswillen mehr oder weniger unbemerkt zu manipulieren. Wer sich dafür interessiert, findet in den Alternativmedien im Internet jede Menge Stoff, um sich ein Bild zu machen.

Was ist der Ausweg? Der Ausweg ist, aus diesen eigenwilligen Energiespielen bewusst auszusteigen und die Orientierung statt im Kopf wieder im Herzen zu finden. Im Herzen haben wir den Zugang zum göttlichen Bewusstsein, das über allen diesen menschlichen, eigenwilligen Kampfschwingungen steht und Liebe und Güte ist. Das göttliche Bewusstsein möchte uns alle aus dem eigenwilligen, selbstverschuldeten Gedankensumpf herausführen und heimführen in die Leichtigkeit und Geborgenheit des ewigen Seins, zurück zu unserem wahren Wesen, dem Kind Gottes, dem Kind der Himmel.

Allerdings wird uns das göttliche Bewusstsein nur helfen, uns führen und erlösen, wenn wir das explizit wollen, denn es respektiert den freien Willen. Während Herrscher Menschen ungefragt manipulieren und ausnutzen, geschieht beim göttlichen Bewusstsein immer nur das, was wir von tiefstem Herzen selber wollen. Der freie Wille ist dem Leben heilig.

Es liegt an jedem einzelnen von uns, jetzt die innere göttliche Führung anzunehmen und den erlösenden inneren Weg zu gehen. Wer diesen Weg geht und damit die erlösende Herzensquelle ins Fließen bringt, wird frei.

Abwertung als Machtinstrument

Der Herrscher benutzt, wie wir gesehen haben, die Abwertung als Machtinstrument, um seine Ziele durchzusetzen. Warum funktioniert das oft? Mit einer Abwertung löst man im anderen Menschen das Gefühl aus, etwas falsch gemacht zu haben. Darum fühlt sich der Abgewertete schlecht. Er kehrt in sich und denkt: „So wie ich bin, bin ich nicht recht, ich muss mich ändern."

Ganz extrem funktioniert das bei Kindern. Der Vater schimpft zum Beispiel, wenn das Kind weint: Es soll mal aufhören, so eine Memme, so ein Weichling zu sein und sich ein bisschen zusammenreißen. Das Kind war, wie es war, hat einfach nur ganz natürlich seinem Gefühl Ausdruck verliehen. Die Vertrauensperson Vater sagt ihm nun, dass sein natürliches Verhalten falsch ist, nur Memmen und Weichlinge sind so. Und eine Memme und ein Weichling zu sein, ist nichts Gutes. Das Kind, das seinen Vater als nächsten Vertrauten liebt und achtet, nimmt seine Worte ernst. „Wenn es nichts Gutes ist, seine Gefühle ehrlich zu zeigen, dann mache ich das nicht mehr", denkt das Kind. „Ich reiße mich in Zukunft zusammen."

Damit hat der Vater, der hier Herrscher war, sein Ziel erreicht. Das Kind macht, was er will. Das Kind aber ist ein Stück unfreier und ärmer geworden, hat etwas seiner Wesensart zugemacht, in den Schatten, ins Unterbewusstsein gedrängt.

So wie zwischen Eltern und Kind funktioniert das Abwerten auch zwischen Erwachsenen. Wer gut abwerten kann, erreicht bei vielen Menschen schnell seine Ziele. Das Spiel aber ist für beide Seiten gefährlich und geistig belastend. Der Abgewertete, der die Abwertung annimmt, wird ein Stück unfreier, er verliert ein Stück Lebendigkeit, sein Schattenreich wird größer. Dem

Herrscher geht es zwar kurzfristig gut, er aber darf sicher sein, früher oder später kommt die Abwertung auf ihn zurück. Einerseits, weil er nach dem Gesetz der Anziehung immer mehr Herrscher anzieht, und andererseits kommt die ganze Wucht der Abwertung als Negativenergie auf ihn zurück, wenn der von ihm Abgewertete anfängt, bewusster zu leben und darum das Spiel zu durchschauen. Dann kommt im Abgewerteten eine Aggression, eine Wut gegen seinen Unterdrücker hoch, die dieser energetisch tragen muss.

Jetzt geht es dem Herrscher plötzlich schlecht, psychisch, unter Umständen auch körperlich. Er erleidet, was er dem Unterdrückten angetan hat.

Was allen Schatten und alle Belastung auflöst und frei macht, ist das Bewusstsein: Der Herrscher merkt, was er mit seinem Verhalten anderen antut, und es tut ihm von Herzen leid, er kann um Verzeihung bitten. Der Unterdrückte merkt, dass er sich nicht von anderen leben lassen darf, mehr auf sich selbst vertrauen muss, und kann verzeihen.

Nicht verzweifeln

Viele gutwillige, erwachende Menschen sind verzweifelt, weil sie das Gefühl haben, machtlos mitansehen zu müssen, wie eine kleine, skrupellose, gut organisierte Elite die erfreulich wahrnehmbare Bewusstseinsentwicklung der Menschen fies sabotiert und kaputt macht, um ihre eigenen Macht-Interessen auf Dauer zu etablieren.

Ist Gott auch verzweifelt? Sind die Engel auch verzweifelt? Wer hat ein Interesse daran, dass wir so verzweifelt sind? Was macht die Verzweiflung mit uns? Wem nützt sie? Von wem kommt die Verzweiflung?

Nicht von Gott! Auf wen richten wir uns also aus, wenn wir verzweifelt sind?

Bei den von uns Menschen selbst geschaffenen Ego-Energiefeldern kann der, der sie neutral beobachtet, jeweils drei Komponenten erkennen: den Herrscher, den Beherrschten und den Konterer, also denjenigen, der sich wehrt und gegen den Herrscher kämpft. Die Verzweiflung charakterisiert den Beherrschten.

Weil diese drei Komponenten jeden Ego-Komplex ausmachen, müssen wir Menschen ständig kämpfen, in Gedanken, verbal und auch in Taten. Und natürlich gibt es viele Zwischenstufen. Reine Herrscher gibt es kaum, genauso wenig reine Beherrschte oder reine Konterer, was natürlich alles noch komplizierter macht. Wir alle sind manchmal Herrscher, manchmal Beherrschter, manchmal Konterer.

Der Herrscher lebt auf Kosten von dem, den er beherrscht. Dieser ist sein Energielieferant. Darum muss er ihn abwerten und sich aufwerten. Darum muss er ihn niedermachen und mit allen möglichen Tricks unten halten. Das einfachste für ihn ist, wenn der Besiegte sich freiwillig unterordnet, weil er glaubt, chancenlos und machtlos zu sein. Solchen Untergebenen gegenüber gibt der Herrscher oft auch „großzügig" etwas von der Energie ab, die er ihnen gestohlen hat. Dafür benutzt er sie doppelt als Energielieferant und als Förderer und Unterstützer seiner Macht.

Vielen Herrschern ist oberflächlich nicht bewusst, was sie Schäbiges tun, und meist auch nicht ihren Untergebenen. Es gibt auch kaum bewusste Opportunisten.

Und auch dem Konterer ist meist nicht bewusst, wie sehr er nicht mehr wirklich lebt, sondern nur noch am Kämpfen ist, denn das Kontern gibt ihm das Gefühl, sich frei kämpfen zu können.

Gefühlsmäßig am Schlechtesten geht es dem Beherrschten, denn er ist das energielose Opfer. Wobei mit „Opfer" nicht ausgedrückt werden soll, dass der Betroffene hilflos dem, der ihn beherrscht, ausgeliefert ist. Dass er in einengenden Ego-Komplexen vegetiert und deren grausamen Gesetzen unterliegt, statt im großen Ozean der Liebe und der Freiheit glücklich zu sein, ist die Folge seiner eigenen Gedanken, seiner eigenen Entscheidungen. Die Ego-Komplexe sind das Produkt unseres Eigenwillens, die Folge unserer bewussten oder unbewussten Verstöße gegen das ewige Bewusstsein.

Wenn es nach dem ewigen Bewusstsein geht, muss kein Mensch in dunklen, eigenwilligen Bereichen leiden. Das ewige Bewusstsein hilft jedem, der das will und das Bewusstsein um Hilfe und Führung bittet, aus dem Irrgarten des Egos wieder herauszufinden, die gedanklichen Verwicklungen wieder zu entwickeln, um frei zu werden von den Ego-Kämpfen und Tyranneien, um wieder in der ewigen Leichtigkeit des Seins aufzugehen.

Aber wollen müssen wir schon wollen! Das göttliche Bewusstsein lässt jedem die Freiheit, seine eigenwillige Welt zu schaffen und zu erleben, oder wieder innenwärts zu wandern und im Urbewusstsein als glückliches Kind Gottes aufzugehen. Es klopft jeden Augenblick an unser Herz, um uns zu helfen und zu führen und zu befreien. Es liegt jeden Augenblick an uns selbst, diese schützende, heilende, frei und glücklich machende Hilfe anzunehmen oder sie zu ignorieren oder auszuschlagen.

Die Tricks der Herrscher

Jean-Jacques Rousseau hat einmal gesagt: „Die Freiheit des Menschen liegt nicht darin, dass er tun kann, was er will, sondern dass er nicht tun muss, was er nicht will."

Um in diesem Sinne frei zu werden, hilft es, die Strategien zu kennen, welche Menschen bewusst oder unbewusst oft anwenden, um andere zu vereinnahmen.[2]

Nörgeln

Nörgeln ist eine sehr erfolgreiche Methode, andere zu vereinnahmen. Speziell pflichtbewusste oder unsichere Menschen, die Konflikte flüchten, kann ein Nörgler bis an den Rand der Belastungsfähigkeit treiben.

Jammern und Klagen

Der Jammerer erzählt in immer neuen Varianten, wie er ungerecht Opfer seines Chefs, seiner Nachbarn, seiner Eltern oder irgendwelcher Institutionen wurde. Als gutmütiger Mensch versuchen Sie, Stunden um Stunden ihm zu helfen, Lösungen zu finden, doch seine Situation ändert sich nie.

Schmeicheln

Der Schmeichler erspürt, für welche Komplimente Sie empfänglich sind und stellt persönlich Nähe und Vertrautheit her. In der positiven Emotion, welche das Lob erzeugt, merkt man gar nicht, wie er einen für seine Anliegen vereinnahmt.

Ein schlechtes Gewissen machen

Ein Satz wie: „Ich dachte, auf Sie könnte man sich verlassen" ist für die meisten Menschen schwer zu ertragen. Speziell Pflichtbewusste werden oft Opfer von Menschen, die leicht mit Schuldgefühlen manipulieren.

Einschüchtern

In Abhängigkeitsverhältnissen droht der Machthaber mit Sanktionen im Falle eines Neins. Oft genügt es, mal ein Exempel zu statuieren, das möglichst alle Untergebenen mitbekommen. Das Drohpotential allein zeigt dann schon Wirkung. Die Angst dominiert. Die übliche Vereinnahmungsstrategie in der Wirtschaft und im Staat.

Zeitdruck erzeugen

Der Druck, sich sofort entscheiden zu müssen, verunmöglicht das Nachdenken und Spüren, was man eigentlich will.

Gruppendruck erzeugen

Ein sehr mächtiges Instrument! Wer nicht gruppenkonform entscheidet, riskiert, die Zuneigung und Wertschätzung der Gruppe zu verlieren, was unter Umständen sogar existentielle Folgen haben kann. So bedeutete beispielsweise jahrhundertelang die Ex-kommunikation aus der katholischen Kirche das Aus! Man verlor alle Rechte!

Abladen, delegieren

Bei Menschen, die schlecht nein sagen können, haben Delegierer ein leichtes Spiel. Sie reichen ihnen die unliebsamen Arbeiten einfach weiter, oft sehr freundlich und charmant, auch als Bittsteller oder mit der Mitleidstour. Und wenn man dann noch erfährt, um was für ein wichtiges Projekt es sich handelt….

Hartnäckiges Dranbleiben

Ein hartnäckiger Machthaber lässt sich nicht von einem Nein abschrecken. Er kommt immer wieder auf seine Anliegen zurück, bis er sein Ziel, möglicherweise portionenweise, erreicht hat. Oft stecken hinter einer solchen Hartnäckigkeit langfristige Pläne, die mit allen Tricks Schritt für Schritt durchgesetzt werden.

Täuschen

Massives Täuschen nennt man Betrug, was viele Machthaber dennoch nicht davor zurückschrecken lässt. Üblich aber sind die sanften Formen: Man betont den Nutzen und bagatellisiert oder verheimlicht die Nachteile.

Ungleichheit ist eine Illusion

Im Laufe der Geschichte haben Herrscher viele Gründe erfunden und institutionalisiert, um ihr Herrschen und ihre Vormachtstellung zu rechtfertigen. Noch heute gibt es Menschen, die glauben, nur wegen eines Geburtsrechts etwas Besseres zu sein und besonders behandelt und angesprochen werden zu müssen. Auch Alter, Geld, Titel, Rang, Amt, Wahl, religiöse Würden, Ausbildung, Intellekt, Muskeln, Waffen, Schönheit, Fähigkeiten, Niveau, Hauptfarbe oder Nationalität usw. sind keine Gründe, die Herrschen rechtfertigen.

Vor dem göttlichen Bewusstsein sind wir alle gleich viel wert und für alle gilt das gleiche unbestechliche, kosmische Gesetz: „Was du säst, wirst du ernten." Alle Ungleichheiten sind, so betrachtet, bloß eine Illusion. Wer sich minderwertig fühlt, unterliegt dabei der gleichen Täuschung wie der, der glaubt, etwas Besseres zu sein.

Wer demütig erfasst, dass wir als Mensch weit mehr sind, als wir als Ego zu sein glauben, der ist auf dem Heimweg zu seinem wahren Wesen. Wer die Illusion verlässt und sich vom Herzen führen lässt, befreit sich von Enge und Zwang und öffnet sich für die Leichtigkeit und den Frieden des Seins.

Herrschen ist gleich Herrschen

Nicht alle Herrscher herrschen nur aus primitivem Eigennutz, sondern haben auch „ehrwürdige" Absichten. Es kann zum Beispiel die Absicht sein, Ordnung zu schaffen, ein Kind gut zu erziehen, jemandem etwas Gutes zu tun, etwas Gutes zu bewirken. Oft herrschen Menschen auch aus religiösen Gründen. Sie wollen den göttlichen Willen durchsetzen…

Und doch herrschen auch sie. Sie rauben anderen Menschen den freien Willen und somit ihre Lebensenergie. Was soll der Beherrschte tun, wenn er sich nicht wehren kann, weil er zum Beispiel noch ein Kind ist oder in einem Abhängigkeitsverhältnis steht? Das Karmagesetz grüßt und speichert, Ego-Gedanken-Komplexe bauen sich auf. Denn mit göttlichem Willen hat Herrschen nichts zu tun. Das kosmische Harmoniegesetz kennt kein Herrschen.

Freilich empfindet sich oft der Herrscher in einer menschlichen Zwangslage und glaubt, nicht anders handeln zu können. „Ich kann doch nicht…! Wie soll ich denn…?" Er kennt nichts anderes. Sein menschlicher Verstand ist überfordert, andere Möglichkeiten zu sehen. Der Verstand ist bloß ein Computer und kann nur so entscheiden, wie er programmiert ist. Ihm fehlen der Horizont, die Umsicht, die Einsicht, der Weit- und Klarblick.

Darum ist für uns alle die Hinwendung an das göttliche Bewusstsein in unserem Herzen so wichtig. Wir erkennen in den praktischen Alltagssituationen oft wirklich nicht, wenn wir eigenwillig sind und uns belasten, weil wir gegen das göttliche Harmoniegesetz verstoßen. In unserem Herzen haben wir den Zugang zum göttlichen Bewusstsein, das uns aus der Enge und Begrenzung herausführt. Die Herzensquelle hilft uns auch, den Verstand, wenn er eng ist, umzuprogrammieren, so dass er uns im Alltag eine Hilfe ist, und wir uns frei und glücklich fühlen.

Umsetzen statt durchsetzen

Man kann immer wieder das Gleiche beobachten: Menschen haben ihre Vorstellungen, ihre Überzeugungen, ihre Wünsche, Ideen und vielleicht auch Visionen. Anstatt sich mit ihnen mit Hilfe des Herzens auseinanderzusetzen und Gutes demütig umzusetzen, auf dass der Samen aufgehen und das Pflänzchen wachsen kann, wollen sie ihre Ziele eigenwillig durchsetzen. Und um die Ziele durchsetzen zu können, müssen sie andere Menschen in ihr Boot ziehen, sie manipulieren, dominieren und beherrschen. Die anderen Menschen sollen in ihr Programm passen, damit sich ihre Wünsche und Vorstellungen realisieren.

Global – aus der Sicht der westlichen Welt – gibt es den kleinen Haufen von Herrschern, die zwei Drittel der Welt ihr Eigen nennen. Sie organisieren sich in

Denkfabriken, um das Programm (die Software) abzustimmen. Die Ziele werden dann von oben nach unten, hierarchisch strukturiert, weitergegeben, auf dass möglichst alle Menschen in ihr Programm eingebaut werden können. Die Hilfsmittel, die das ermöglichen sollen, sind: Hierarchische Strukturen und Denkmuster, Verstandesdominanz, Manipulation, Zwang, Angstmache, Geld, Banken, Konzerne, Marketing, Massenmedien, Militär, Waffen, Krieg, Politik, Gesetze, Verordnungen, vorgegebenes Bildungssystem, Dominanz von Fachleuten, Vorgabe und Kontrolle des Zeitgeistes usw. Die gut ins System passenden Menschen werden gefördert, geschult, gut bezahlt, belohnt, nützlich ins System eingebunden. Wer sich nicht so leicht einpassen lässt und sich nicht systemkonform verhält, wird mehr oder weniger bekämpft und ausgegrenzt.

Wie im Großen läuft es oft auch im Kleinen, wo immer Menschen sich zusammenfinden, in Familien, Vereinen, Betrieben, Organisationen, Glaubensgemeinschaften usw. Auch im Kleinen gibt es die Kämpfe, die Herrscher und die Beherrschten, die Bestimmer und die Bestimmten, die Sieger und die Verlierer.

„So ist halt der Mensch", sagen viele. „Wie soll es auch anders gehen?"

Es ginge anders! Das Herrschen und Beherrscht-Werden, das Siegen und Besiegt-Werden müsste nicht sein. Von unserer tiefsten inneren geistigen Anlage ginge es auch völlig anders, denn wir sind von unserer wahren Natur her nicht Egos, sondern Kinder Gottes, Kinder des Bewusstseins. Unsere menschliche Ego-Natur ist nicht unsere wahre Natur, sondern ein Produkt unserer Entscheidung.

Das göttliche Bewusstsein lässt das zu, weil keines seiner Geschöpfe unfreiwillig in der ewigen Vollkommenheit leben soll. Wer die Vollkommenheit des göttlichen Bewusstseins noch nicht als solche erkannt hat, darf durch das Erleben der selbst geschaffenen Unvollkommenheit zu tieferen Einsichten kommen, um schließlich irgendwann freiwillig wieder in die Himmel, in die Leichtigkeit des Seins, zurückzukehren.

Das Bewusstsein lässt uns auch im Erleben unseres Eigenwillens nicht allein. Im Herzen ist es immer bei uns, um uns, so wir wollen, mit Bewusstsein zu füllen und uns heimzuführen. Glücklich ist, wer diese innere Quelle erkennt und sich von ihr erlösen lässt.

Das Herz braucht keine Herrscher

Auf dem Youtube-Video „Psychose" vom österreichischen Satiriker Proebstl kann man hören: „Wenn Sie mit Gott sprechen, heißt das Gebet. Wenn Gott mit Ihnen spricht, nennt man das Psychose."

Und so absurd ist es wirklich. Kaum einer glaubt, dass Gott ihm antwortet, wenn er zu ihm betet. Dass Gott zu ihm spricht und ihm tatsächlich hilft, erscheint ihm zu unrealistisch. Warum? Der ratternde, laute Verstand übertönt die leise, aber alldurchdringende Stimme des Seins.

Wenn die Gedanken aber Ihre Dominanz verlieren, setzt die innere göttliche Führung über das Gewahrsein ein. Aber das ist nicht im Sinne der Herrschenden dieser Welt, denn der innere Weg mit Gott führt den suchenden Menschen in die Freiheit und in die Selbstverantwortung. Er schreitet auf dem Weg des Bewusstseins. Wer diesen Herzensweg mit Gott aktiv und vertrauensvoll geht, erwacht und braucht keine Herrscher mehr, die ihm sagen, was er tun soll. Er weiß es vom Herzen her selbst und er durchschaut Machenschaften und erkennt Lügen.

Nichts fürchten darum die Herrschenden mehr als das Bewusstsein, denn das Bewusstsein lässt den Menschen aus der Massenhypnose erwachen. Darum darf nach ihnen nicht sein, was ist.

Ob es für Sie aber auch nicht sein darf, obliegt Ihrer Entscheidung.

Herrschern keine Energie geben

Herrscher haben nur Kraft über unser Ego, nicht aber über das göttliche Bewusstsein in uns. Darum wollen uns Herrscher immer in einen Kampf verwickeln. Dies geschieht in der direkten Konfrontation mit Herrschern in der äußeren Welt genauso wie in der Gedankenkonfrontation in unserem Kopf.

Wenn wir auf den Ego-Kampf einsteigen, dann tun wir das, was die Herrscher wollen, nämlich mit unserem Ego kämpfen, um ihre Macht ausspielen zu können. Dann können sie ihre Ego-Waffen einsetzen, die ihr Ego stark machen: Drohen, Befehlen, Kritisieren, Abwerten, Verwirren, Lügen, …

Natürlich ist Aufklärung, was läuft, ganz wichtig, nicht aber der emotionale Kampf. Wir tun uns selbst und der Gemeinschaft das Beste, wenn wir unsere Resonanz mit den Herrschern in uns lösen, also die analogen Herrscherseiten in uns mit Hilfe des göttlichen Bewusstseins erkennen und bereuen. Unsere Demut entzieht den Herrschern die Möglichkeit, von uns Energie zu nehmen. Vom Herzen bekommen sie für ihr Herrschen keine Energie. Und uns gibt die Demut die Kraft, aus der Resonanz und somit vom Karussell von Siegen und Verlieren auszusteigen.

Wir vertrauen uns immer mehr unserem Herzen an und lassen uns vom ewigen Bewusstsein führen und innerlich befreien. Dann bestimmen wir selbst, wem wir unser Gehör geben und wem nicht. Dann bestimmen wir selbst dank der Hilfe des ewigen Bewusstseins, womit wir uns beschäftigen wollen, wem und was wir unsere Aufmerksamkeit geben und was wir wie sehen wollen. Wir bestimmen selbst, welchen Gedanken wir glauben und welchen nicht und welche wir unterstützen wollen...

Das Drama des sensiblen Menschen

So mancher Mensch kann mit dem fehlerhaften Verhalten seiner Mitmenschen überhaupt nicht umgehen. Wenn sie sich ihm gegenüber nicht richtig verhalten, in der Kindheit z.B. die Eltern, denkt er nicht, dass die etwas falsch machen, sondern er denkt, mit ihm stimmt etwas nicht, er macht etwas falsch. Darum will er sich anpassen und unterdrückt die unerwünschten Gefühle.

Die kleinen und großen Herrscher dieser Welt haben darum zunächst einmal mit vielen Menschen ein leichtes Spiel. Und das Tragische ist, die Herrscher hinterfragen sich selbst kaum und sind nicht ehrlich und sagen wahrheitsgetreu: „Ich bin ein Herrscher. Ich will dich beherrschen. Mir passt nicht, wie du bist und was du machst. Ich will, dass du tust, was ich will, und so bist, wie ich es dir sage. Oder es geht dir schlecht und ich mache dich fertig. Ich will, dass du dich mir unterordnest und dich mir unterwirfst. Mein Wille soll geschehen und mein Wille soll Gesetz sein."

Was tun sie stattdessen? Sie befehlen, wie wir zu leben haben und welche Regeln gelten. Diejenigen, die sich nicht daran halten, donnern sie mit Schuldvorwürfen voll, als wenn sie Gott wären: „Du machst alles falsch. Du bist sowas von daneben. Wenn du dich nicht änderst, geht es dir schlecht und du musst deine Fehler büßen. Ändere dich endlich und benimm dich anständig! Tu endlich, was du sollst!"

Sensible Menschen nehmen das alles oft sehr ernst und glauben den Herrschern ohne Arg. Sie nehmen die Schuld auf sich, lassen sich also abwerten, und bemühen sich mit allen Kräften, den Herrscherwillen zu erfüllen. Und da wir alle energetisch miteinander verbunden sind und unsere Gedanken Gedankenenergiefelder (Gedankenkomplexe) bilden, gibt es starke kollektive Gedankenenergiefelder, die uns die Vorwürfe der Herrschenden auch innerlich erleben lassen. Der innere Kritiker tobt. Für viele ist das dann Gott, der zu ihnen spricht, und darum unterdrücken sie ihr wahres, lichtvolles und kraftvolles Wesen und führen ein gedämpftes, angepasstes Leben. Sie lassen sich leben.

Oft dauert es lange, bis ein Mensch begreift, dass da irgendetwas nicht stimmt, weil er einfach nicht glauben kann, dass andere Menschen nicht nur sein Bestes wollen. Und die Herrscher, die ihn benutzen und mit seiner Energie ihr Unwesen treiben, versuchen alles, um ihn an der Bewusstwerdung zu hindern. Immer aber gelingt ihnen das nicht. Je mehr ein Mensch sich Fragen stellt, desto stärker bricht in ihm die innere Herzensführung durch und sein lichtvolles Wesen erwacht.

Vorsicht innerer Kritiker

Die Autorin Bronnie Ware zeigt in ihrem lesenswerten Buch: „5 Dinge, die Sterbende am meisten bereuen"[3], wie Menschen oft kurz vor ihrem Tod erkennen, dass sie eigentlich ganz anders hätten leben wollen. Warum haben sie es nicht getan? Es sind enge Vorstellungen und innere Zwänge, die sie daran gehindert haben, ihr Leben zu ändern, die Dinge zu tun, die sie von Herzen eigentlich gewollt hätten.

Warum lassen sich Menschen von solchen inneren Zwängen leben? Diese Zwänge sind aufdringliche, innere Stimmen, drängende Gedanken in uns, die uns bedrohen und Angst machen, uns am Erfolg unseres Vorhabens zweifeln lassen, uns innerlich einsperren und in Fesseln legen, uns die Energie zum Umsetzen unseres Herzenswunsches nehmen. Und warum hören wir auf diese Stimmen und glauben ihren Bedenken und Drohungen? Warum können sie in uns solche Zweifel auslösen, dass wir die Herzensvision zur Seite schieben?

Weil diese Stimmen dominant und absolut auftreten, als gebe es keinen Zweifel an ihrer Botschaft, als wäre das, was sie sagen, absolute Realität. Wer nicht auf sie hört, wird es büßen müssen.

Mit diesem absoluten Auftreten täuschen diese Stimmen uns, und viele vermeinen, Gott spreche zu ihnen. Und selbst, wenn ein Mensch nicht an Gott glaubt, so denkt und fühlt er doch oft, es warne ihn die Wahrheit im Inneren. Die Wahrheit aber ist es auch nicht! Wer ist es dann? Wem gehen Menschen auf den Leim, wenn sie auf diese Drohstimmen hören?

Der Psychiater Jochen Peichl hat in seinem Buch: „Rote Karte für den inneren Kritiker"[4] diese inneren Stimmen unter die Lupe genommen und dabei ein ganzes Team von inneren Kritikern gefunden, die erstaunlich unsere menschliche Welt abbilden. So gibt es nach Peichl den „Kontrolleur", den „Perfektionisten", den „Antreiber", den „Allen-Rechtmacher", der immer zu bedenken gibt, was denn die anderen von uns denken, den „Beurteiler" und den „Verurteiler". Wir können uns dieses Team an Kritikern sicher alle auch gut in der äußeren Welt vorstellen. Den Kontrolleur z.B. als Kontrollbeamter mit seinen Listen von Verordnungen und Betriebsvorschriften oder als strenger Lehrer, der die Hausaufgaben kontrolliert, oder als Pfarrer, der über die Sitten wacht, den „Antreiber" als gestresster Vorgesetzter oder als ehrgeizige Eltern, den „Be- und (Ver)urteiler" als Richter usw.

Welcher aus dem Team auch immer in unserem Inneren zu uns spricht, wir sollten nicht unkritisch und unbeholfen auf ihn hören, sondern ihm mit weiser Vorsicht, aber klar begegnen, auch wenn er uns streng und absolut anspricht, als wäre er Gott und nicht mehr hinterfragbar. Wenn wir wirklich Gott begegnen wollen, dann können wir das in unserem Herzen. Da begegnen wir aber keinem Kritiker, sondern dem ewigen Bewusstsein, das unendliche Liebe, Güte, Wohlwollen, Verständnis und alldurchdringende Kompetenz und Klarheit ist.

Die Entwicklung der Verwicklung

Wann immer wir eigenwillig sind, statt uns vom Bewusstsein führen zu lassen, geht es uns früher oder später schlecht, weil wir mit unserem Eigenwillen Dissonanzen erzeugen. Dabei ist kein strafender Gott im Spiel. Das ist einfach nur eine Realität im Sinne von: Wenn Du von einem Felsen ins Wasser springst, dann bleibst Du nicht in der Luft stehen oder schwebst nach oben, sondern Du fällst hinunter und plumpst ins Wasser. So wirkt hier im materiellen Bereich die Gravitation. Jeder Erwachsene weiß das und kommt nicht auf die Idee, deswegen Gott Vorwürfe zu machen.

Genauso ist es im geistigen Bereich. Kein Wesen kann vollkommener sein als die Vollkommenheit selbst, die das ewige Bewusstsein ist. Niemand kann liebevoller sein als die Liebe selbst, die Gott ist. Darum sind wir ohne Anstrengung, ohne unser eigenwilliges Dazutun, einfach auch vollkommen und auch liebevoll, wenn wir in Einklang mit dem göttlichen Bewusstsein sind. Wir sind dann ein Teil des ewigen Bewusstseins, und somit geht es uns gut. Wir sind dann in Einklang mit der Stille und der Leichtigkeit des Seins.

Natürlich sind wir Menschen alle noch weit von der Vollkommenheit und Liebe des ewigen Bewusstseins entfernt. Natürlich können wir auch nicht plötzlich alle – schwups – vollkommen sein.

Der innere Weg aber zu unserem Wesen, zu unserem wahren, inneren Ich, tut sich auf, wenn wir grundehrlich sind und uns mit dieser Ehrlichkeit an das göttliche Bewusstsein in unserem Herzen wenden, ihm alles hintragen und es demütig um Hilfe und um Führung bitten.

Je ehrlicher wir werden, desto weniger verwickeln wir uns im Ego und desto mehr entwickeln wir uns wieder zu dem erfüllten Kind des ewigen Bewusstseins, das wir alle in unserem tiefsten Inneren sind.

Sich vom Bewusstsein entwickeln lassen

Unser Leiden ist die Folge unserer negativen Gedanken und Taten und der daraus resultierenden Verwicklungen. Das Zurück zum Bewusstsein bringt uns die Freiheit, die bewusste Entwicklung der Verwicklung.

Dabei müssen wir das Bewusstsein nicht neu erfinden. Es ist da. Wir müssen es nur wieder erschließen, es wieder zulassen und ihm die Herzenstüre öffnen.

Das ewige Bewusstsein versucht uns nicht nur über unser Herz zu erreichen, um uns erlösen und befreien zu können, sondern auch über viele „äußere" Quellen: Über die Natur, über Situationen, Erlebnisse, Eindrükke, über Menschen, über Bücher, Medien, Filme, Reportagen, Vorträge, Interviews... Doch auch diese „äußeren" Quellen setzen die Bereitschaft des Menschen voraus, offen sein zu wollen, über den eigenen Horizont hinaus blicken zu wollen, sich berühren lassen zu wollen, nachdenken zu wollen, Mut für Neues zu haben...

Es ist ein Geschenk, wie das göttliche Bewusstsein sich unaufhörlich um uns alle bemüht, um uns von den Ketten des Eigenwillens zu befreien. So wie unser Körper unaufhörlich von unsichtbarer Hand versorgt wird, so hilft auch das ewige Bewusstsein unserer

Seele beim Entwicklungsprozess, wenn wir diesen Prozess bejahen.

Die Erlösung kommt vom Herzen

„Man sieht nur mit dem Herzen gut. Das Wesentliche ist für die Augen unsichtbar" verrät der kleine Prinz dem verunglückten Piloten in Antoine de Saint Exupérys wunderschönem Märchen. Warum? Weil wir im Herzen den Zugang zum ewigen Bewusstsein haben. Dort kann uns Gott führen, dort kann er uns helfen, von dort her kann er durch uns wirken.

Der Verstand ist „nur" ein gigantischer Computer, und somit softwaregesteuert. Er ist nicht die Quelle des Lebens selbst. Er ist ein Wiedergeber. Er gibt das wieder, was wir Menschen in ihn hineingegeben haben und geben. In ihm erleben wir auch unsere Vernetzung untereinander, unsere Kämpfe, unsere Vorstellungen, unsere Meinungen, unser Herrschen und Beherrschtwerden, unser Siegen und unser Verlieren. Wir erleben dort all das, womit wir ihn gefüttert haben und womit wir ihn füttern. Also auch allen unseren Eigenwillen. Im Kopf lesen wir die Chronik des Menschen.

Im Herzen aber fließt die Lebensquelle. Im Herzen sind wir mit Gott verbunden. Dort kann uns das ewige Bewusstsein helfen. Wobei? Ruhig zu werden, herauszukommen aus der Verstrickung in unseren Eigenwillen, herauszukommen aus Egoprogrammen, unsere Probleme klarer zu sehen und dadurch unsere Entscheidungen leichter fällen zu können. In der Stille erfahren wir auch die Gewissheit, auf dem rechten Weg zu sein. Oder wir merken, dass wir etwas ändern sollten. Wir bekommen auch die entsprechende Kraft dafür.

Mit Hilfe unseres Herzens können wir unseren Verstand neu programmieren. Die vielen Leid bringenden Vorstellungen und Glaubenssätze ersetzen mit der Wahrheit und Wahrhaftigkeit, ersetzen mit dem uns glücklich machenden Urprogramm des ewigen Bewusstseins.

Das Bewusstsein um Hilfe bitten

Für die Entwicklung der selbst geschaffenen Verwicklung sollten wir die Hilfe und Führung unseres Herzens
annehmen. Auch zum eigenen Schutz vor Kräften, die
uns nicht wohlgesonnen sind. Im Herzen haben wir
Zugang zum göttlichen Bewusstsein, das über allen
unseren gedanklichen Verstrickungen steht und uns
darum sicher und erfolgreich aus dem Gedanken- und
Gefühlssumpf herausführen kann. Das Bewusstsein
hilft uns gerne und unbeschreiblich liebevoll und ein-
fühlend, allerdings nur, wenn das auch unser Wunsch
ist.

Nie wird das Bewusstsein unseren freien Willen miss-
achten. Darum müssen wir es um Hilfe bitten, wenn
wir seine Führung wollen. Dann aber haben wir in
unserem Herzen einen hilfsbereiten Ansprechpartner,
einen guten Freund, mit dem wir alles besprechen und
alles teilen können, und der uns unaufhörlich schützt,
führt und hilft.

Direkt mit Gott sprechen

Wir alle haben laufend Fragen. Wer kann sie uns beantworten? Die meisten Menschen denken: Das sind andere Menschen, die mehr Wissen oder mehr Fähigkeiten haben als ich. Das sind Gelehrte, Studierte, Experten, Fachkräfte... Bei gesundheitlichen Fragen Ärzte, Heilpraktiker... Bei seelischen Fragen Priester, Pfarrer, Seelsorger, auch Meister, Hellsichtige, Propheten, Heilige, Mystiker, geistig entwickelte Menschen...

Kaum einer ist sich bewusst, dass es Gott selbst sein könnte, der uns alle unsere Fragen beantwortet, wenn wir das wollen. Denn wir alle sind von unserem wahren Wesen her Kinder Gottes, Kinder des ewigen Bewusstseins. Die direkte Kommunikation mit Gott in uns gehört also zu unserem natürlichsten Seinszustand. Das haben wir nur vergessen, weil wir diese direkte Beziehung über lange Zeitabläufe mit unseren eigenwilligen Vorstellungen überlagert haben. Wir haben uns in unseren eigenen Gedanken-Vorstellungen verstrickt und verwickelt. Wir waten in unserem eigenen Gedankensumpf.

Trotzdem sind wir von unserem innersten Wesen her Kinder des göttlichen Bewusstseins. Und in unserem Herzen haben wir alle, wenn wir das wollen und ehrlich und aufrichtig sind, einen direkten Zugang zum Bewusstsein. Das ist die Quelle, von der Jesus der Frau am Jakobsbrunnen sinngemäß gesagt hat, dass sie den Durst auf ewig stillt.

Wer frei sein will, sollte deshalb aufhören, nur bei anderen nach Antworten zu suchen, sondern sich direkt selbst an das Bewusstsein im Herzen wenden. Wieder die direkte Kommunikation mit Gott pflegen, mit ihm im eigenen Inneren sprechen, ihn mit allen Fragen direkt konsultieren.

Freilich kann das göttliche Bewusstsein uns i.d.R. nicht sogleich alle Fragen direkt über die Herzensverbindung beantworten, weil wir noch zu fest in unseren eigenwilligen Gedanken gefangen sind. Aber es antwortet uns dennoch direkt indirekt zum Beispiel über andere Menschen oder über Tiere, über Situationen, über Ereignisse, über Aha-Erlebnisse usw. Plötzlich entdecken wir ein Buch, das uns anspricht, oder lesen von einem Seminar, von dem wir das Gefühl haben, daran sollten wir teilnehmen. Oder ein anderer Mensch sagt etwas zu uns, das uns berührt oder beschäftigt. Oder ein Film spricht uns an. Naturschönheiten berühren uns. Vielleicht erleben wir auch Situationen, die uns emotional beschäftigen. Das Befassen damit bringt uns auf neue Gedanken oder macht uns vieles bewusst. Immer merken wir, da antwortet und spricht Gott über diesen indirekten Weg ganz direkt zu uns.

Je offener und sensibler wir werden, desto mehr erfassen und verstehen wir direkt in unserem Herzen. Wir werden hellhöriger, hellsichtiger, hellverstehender. Wir haben eine Frage und schon ist die Antwort in uns da. Beim einen geht diese Entwicklung schneller, beim anderen langsamer. Das macht aber nichts, und das sollten wir auf keinen Fall werten. Wichtig ist nur, dass wir wieder in die direkte Beziehung mit dem ewigen Bewusstsein in uns kommen und uns direkt von ihm führen lassen.

Jeder Mensch, der sich seinem Herzen zuwendet, erlebt die Liebe und Hilfe des ewigen Bewusstseins. Er findet das innere Licht, und es leuchtet in ihm. Die innere Lichtquelle schenkt ihm Glück und Freude und hilft ihm, die Lebensaufgaben zu meistern.

Warum ein offenes Herz wichtig ist

Warum ist es wichtig, ein offenes Herz zu haben? Damit wir lebendig und energievoll sind und bleiben und nicht von eigenwilligen Interessen gesteuert werden können. Wer ein verschlossenes Herz hat, ist wie ein Smartphone, das von der Software gesteuert wird und von den Software-Betreibern beliebig programmiert und gelenkt werden kann. Wenn Herrscher ihre Mitmenschen ändern wollen, veranlassen sie ein Update, das die Software im gewünschten Sinne aktualisiert. Das geschieht bei uns Menschen über Gedanken-Suggestionen und über zum Beispiel die Massenmedien, die uns in Form von Geschichten die Glaubenssätze vorgeben und uns anweisen, wie wir was zu sehen haben und auf welche Gedanken wir hören und uns einlassen sollen.

Bei einem Menschen mit einem offenen Herzen ist eine solche Steuerung nicht mehr so leicht möglich, denn im Herzen haben wir einen Zugang zum Bewusstsein, das über der Programmierung der Ego-Welt steht. Das ewige Bewusstsein ist das Urenergiefeld des Seins, das Liebe, Güte, Verständnis, Einfühlungsvermögen, Freude und Freiheit, Glück und Schönheit, Klarheit, Kraft und Kompetenz ist. In diesem Urenergiefeld sind wir geborgen und frei.

Das Ego dagegen ist ein selbst geschaffenes Gedankenprogramm, das wir vor unser wahres Wesen aufgetürmt haben. Als Ego unterliegen wir diesem Programm, dieser Software, die beliebig nach Interessen von den kleinen und großen Herrschern im Kampf und mit Tricks manipuliert und verändert werden kann.

Wer kein offenes Herz hat, kann zum Beispiel eine Wahrheit hören oder sehen, wird sie aber dennoch nicht wahrnehmen und aufnehmen, weil die Software, die ihn steuert, ihm vorgibt, diese Information als "falsch", als "unwahr" beiseite zu schieben und z.B. als „Verschwörungstheorie", als „Sekteneinfluss" als „rechts" oder „links", als „nicht wissenschaftlich", als „einseitig" usw. abzuhaken. Umgekehrt: Eine falsche Information wird vom Programm als "wahr" und "wichtig" eingestuft, weil sie z.B. von der „Tagesschau" oder von renommierten, etablierten Zeitungen oder Illustrierten vertreten oder von akzeptierten Fachleuten als wissenschaftliche Studie verkauft wird usw.

Das Herz schenkt uns den Klarblick. Das Herz macht uns frei.

Alles richtig machen

Viele Menschen haben den tiefen Wunsch, alles im Leben „richtig" zu machen, d.h. so zu leben, dass sie liebevoll sind, sich nichts vorwerfen müssen, dass sie gerecht sind, niemandem weh und unrecht tun, dass sie sich nicht belasten und Karma abbauen. Das ist ein wunderbarer Wunsch, der aus der Sehnsucht kommt, wieder zurückzufinden in den Zustand der Unschuld, heimzufinden in die Vollkommenheit, Geborgenheit und Freiheit des ewigen Seins.

Leider können die meisten Menschen mit dieser Sehnsucht nicht umgehen. Sie versuchen, mit dem Verstand, mit dem Kopf „richtig" zu leben. Nur ist der

Verstand der falsche Ratgeber. Allein mit dem Verstand sind wir nicht fähig, „richtig" zu leben, weil der Verstand der Polarität unterworfen ist und darum letztlich nicht weiß, was "richtig" ist. Er braucht die „richtigen" Prämissen, um folgelogisch „richtig" zu entscheiden. Wer aber gibt ihm die Prämissen?

Weder die Politiker noch die Herrscher, noch die Journalisten, noch die Gelehrten, noch die Fachleute, noch die Geistlichen, noch die Lehrer, noch die Heiligen, noch die Wahrsager, noch die Psychologen, noch die Mediziner, noch... sind letztlich fähig, uns zu sagen, wie wir leben sollen, damit wir „richtig" leben. Auch sie alle können mit ihrem Verstand nur Wissen abspulen, Erkenntnisse weitergeben, behaupten.

Es bleibt uns allen nichts anderes übrig, als selbst herauszufinden, wie und wann wir „richtig" leben. Kein anderer Mensch kann uns das sagen. Wir können auf andere Menschen hören, um uns von ihnen anregen zu lassen, um von ihren Erfahrungen, Erkenntnissen und vielleicht sogar Weisheiten zu lernen. Aber im jeweiligen Augenblick und in der jeweiligen Situation zu spüren, was jetzt das „richtige" Verhalten ist, können wir nur selbst. Wir können die Verantwortung nicht an andere Menschen abgeben.

Der Wunsch, sich in jeder Situation „richtig" zu verhalten, ist vielleicht ein frommer Wunsch, aber keine Illusion, wie manche denken. Es ist unser aller kosmisches Recht, sich in jeder Situation „richtig" verhalten zu dürfen, das „Richtige" zu spüren, sich für das „Richtige" zu entscheiden und somit „richtig" zu leben. In unserem Herzen haben wir den Zugang zur Ur- und Heilquelle des Lebens, zum göttlichen Bewusstsein, das für uns nichts weniger wünscht, als dass wir wieder eins mit ihm sind. Wenn wir in der Einheit mit ihm sind, fühlen und tun wir ganz natürlich das „Richtige".

Diese innere Einheit mit dem Leben wieder zu entdecken und mehr und mehr im Augenblick wieder zu finden, ist nicht nur unser Recht, es entspricht auch dem Wunsch des Bewusstseins. Und es macht uns frei und glücklich.

Frei vom Ego

Wer steht im Mittelpunkt unseres Seins: Unser Ich oder das göttliche Bewusstsein? Glücklich werden wir erst, wenn die Lebenskraft in unserem Herzen der Mittelpunkt ist, wenn wir herzzentriert sind. Solange das Ich das Zentrum ist, sind wir der Schauspieler auf der weltlichen Bühne, der eine (wichtige) Rolle spielen will.

Sich dieser Rolle bewusst zu werden, ist ein Geschenk, denn es gibt uns die Möglichkeit, die Rolle loszulassen und die Führung unseres Lebens wieder dem Bewusstsein in die Hände zu geben. Und das macht frei! Der enge Ich-Komplex muss uns loslassen, und wir dürfen uns als freies, unbegrenztes Kind des Urenergiefeldes „Gott" erleben.

Da es leider sehr viele Ich-Komplexe gibt, kommt vielleicht bald schon der nächste Komplex, der uns vereinnahmen will. Wie es der sympathische Film: „Im Auftrag des Teufels"[5)] anschaulich zeigt, ist der trickreiche Belzebub mit seinen vielen Gesichtern schnell wieder zur Stelle, um uns erneut zu versuchen. Und solange wir eine Resonanz haben, werden wir möglicherweise auch ein Stück auf ihn hereinfallen.

Sollte es ihm gelingen, uns zu verführen… Macht nichts. Solange wir auf dem Herzenskurs der Bewusstwerdung bleiben, kann uns nichts passieren. Denn das Herz ist wach und hilft uns, aus den Fängen herauszufinden. Und je mehr das Bewusstsein in uns wächst, desto schwerer haben es die Ego-Gedankenfelder, uns leben zu können.

Gedankenkomplexe sind Luftgebilde

Um in die innere Stille zu finden, sollten wir immer von dem Zustand aus gehen, der ist, das heißt, wir sollten nichts verdrängen: weder eine Unruhe, noch laute Gedanken, noch Emotionen, noch Symptome… Sobald wir etwas weghaben wollen, verlassen wir die innere Quelle und lassen uns ins Äußere ziehen. Und darum wird es in uns lauter und unruhiger.

Die lauten Gedankenkomplexe, die uns die Unruhe bringen, leben davon, dass wir ihnen unsere Zuwendung und somit unsere Energie geben. Ohne unsere Energie hören sie auf zu existieren, der Gedankenspuk ist vorbei. Damit wir nicht merken, welches Luftgebilde sie sind, blustern sie – und natürlich die Menschen, die von diesem Egokomplex profitieren wollen – sich auf, als seien sie sehr wichtig oder furchterregend mächtig, als hätten wir keine andere Möglichkeit, als uns mit ihnen zu beschäftigen. Das ist der Trick, womit sie uns überlisten und von ihnen abhängig machen.

Wenn wir die Haltung eines stillen, neutralen Beobachters annehmen, der einfach nur nüchtern und wertfrei zuschaut, welche Gedanken auf ihn zuströmen, gewinnen wir Abstand und lassen uns nicht mehr manipulieren.

Wenn wir das Bewusstsein in unserem Herzen dabei ehrlich und aufrichtig um Hilfe und Führung bitten, erhalten wir aus der inneren Herzenstiefe Hilfe und fangen an, klar zu sehen, was wirklich ist. Wir verstehen, dass wir andere, denen wir die Schuld an unserem Zustand geben, nicht ändern können. Wir können uns nur selbst und unsere eigenen Haltungen ändern, die uns anfällig für die „Gemeinheiten" von anderen machen, die uns unter dem „Unrecht" von anderen leiden lassen.

So werden wir frei, und der Anteil der anderen an unserem Leiden strahlt auf diese zurück, ohne dass wir eigenwillig kämpfen müssen.

Der Weg zum wahren Ich

Der Weg zu unserem wahren Selbst ist nach meinen Erfahrungen der einzig wirklich befreiende Weg, den wir Menschen gehen können. Nur das Bewusstsein vermag uns frei und glücklich zu machen, weil das Kind des Bewusstseins unser wahres Wesen ist. Das ewige Urenergiefeld des Lebens ist unsere wahre Heimat. In ihm sind wir erfüllt, glücklich und frei, und es mangelt uns an nichts. Wir brauchen für nichts zu kämpfen, weil wir alles haben. Wir müssen gegen niemanden kämpfen, weil wir eins sind mit dem Leben.

Der innere Weg zu unserem Wesen tut sich auf, wenn wir grundehrlich sind und uns mit dieser Ehrlichkeit an das Bewusstsein in unserem Herzen wenden, ihm alles hintragen und es um Hilfe und um Führung bitten. Je ehrlicher wir werden, desto weniger verwickeln wir uns im Ego und desto mehr entwickeln wir uns zu dem erfüllten Kind des Bewusstseins.

Das Herzens-Ich

Sobald ein Mensch glaubt, eine wichtige Aufgabe zu haben, etwas Besonderes tun zu müssen, wichtig zu sein, ist er nach meinen Erfahrungen auf einem Irrweg. Einem Weg, der ihn früher oder später überfordert. Das Ego, das vordergründige Ich, ist eine Illusion. Sein Kern ist das Seinwollen wie Gott. Das kann nicht lange gut gehen, weil man der Aufgabe zwangsweise nicht gewachsen ist.

Unser wahres Ich ist unpersönlich. Was aus ihm kommt, ist Ausdruck des Bewusstseins, denn das Herzens-Ich ist das Kind des göttlichen Bewusstseins, ohne selbst dieses Bewusstsein sein zu wollen. Es ist im jeweiligen Augenblick das, was es von seinem wah-

ren Wesen her ist. Es ist, wie es ist. Was das Bewusstsein durch das Herzens-Ich sagt oder tut, überfordert
dieses wahre Ich nicht, weil kein Eigenwille im Spiel
ist. Die Urkraft selbst drückt sich aus.

Bestimme Deine Glaubenssätze

Unsere Glaubenssätze bestimmen unser Leben. Darum
ist es so wichtig, sich seine Glaubenssätze bewusst zu
machen, zu hinterfragen und schließlich selbst zu bestimmen. Im Grunde sind alle Glaubenssätze, die
Druck und Angst erzeugen, fragwürdig, denn Druck
und Angst kommen nie vom göttlichen Bewusstsein.
Druck und Angst zeugen von eigenwilligen Kräften, die
eigennützige Absichten verfolgen. Das ist schon einmal
ein wichtiger Anhaltspunkt, um sicher zu sein, dass bei
Druck machenden Glaubenssätzen etwas nicht stimmt.
Und wenn sie noch so plausibel, noch so gottgewollt,
noch so einsichtig erscheinen…. Sie gehören auf den
inneren Prüfstand.

Bin ich wirklich ein Nichtsnutz, ein Egoist, ein Schmarotzer..., wenn ich dies oder jenes nicht tue? Bin ich
wirklich daneben oder sogar böse..., wenn ich dies
oder jenes tue? Kein anderer Mensch kann uns solche
und unzählige weitere Fragen beantworten, außer wir
selbst. Und solche Fragen können nur beantwortet
werden, wenn wir sie stellen. Dann kann sich etwas
ändern in unserem Leben. Bewusstsein durchdringt
blindes, unbewusstes Denken und Handeln. Wir nutzen
unser geistiges Potential.

Um uns solche Fragen selbst beantworten zu können,
nutzt uns der Verstand wenig. Der Verstand ist nur ein
Computer, wenn auch ein Giga-Computer, der so rea-
giert und antwortet, wie er programmiert wurde. Womit wurde er programmiert? Natürlich genau mit den
Glaubenssätzen, die wir hinterfragen wollen. Wer hat
ihn programmiert? Das Elternhaus, unser Umfeld, die
Schule, die Gesellschaft, unsere Erfahrungen, wir
selbst, die menschliche Geschichte und das menschliche Unterbewusstsein. Aber genau diese Programme
wollen wir ja hinterfragen.

Darum brauchen wir eine Instanz in uns, die uns solche Fragen beantworten kann, die den Überblick und den Weitblick hat und die nicht eingeengt ist durch unsere menschliche Programmierung. Das ist das göttliche Bewusstsein, das in unserem Herzen wohnt und zu dem wir alle Zugang haben, wenn wir das wollen und es um Hilfe bitten.

Welche gigantische Kraft in unserem Herzen wohnt, kann jeder selber erfahren und in ihm den treuen Führer und Begleiter durchs Leben finden.

Realitäten knacken

Wir Menschen in der westlichen Welt denken gerne viel. Und doch, paradoxerweise, achtet kaum einer auf seine Gedanken und merkt nicht, woran alles er mit seinen Gedanken und dem tiefer darunter liegenden Gefühl glaubt. Was wir erleben, hat aber in unseren Gedanken und Gefühlen, die wir bewusst oder unbewusst bejahen, seine Vorläufer. Die Gedanken und die daraus resultierenden tiefer liegenden Gefühle machen unseren jetzigen Zustand aus und generieren unsere Zukunft.

Obwohl es so wichtig ist, was wir glauben und mit Gedanken pflegen, bejahen dennoch, bewusst oder unbewusst, die meisten Menschen fixe, begrenzende Glaubenssätze, als seien sie absolut unveränderbar, als seien sie tiefste, nicht mehr zu hinterfragende Realitäten.

Viele denken jetzt vielleicht, dass sie ihre Gedanken und ihren Glauben schon ändern würden, wenn sie es könnten. Aber das sei meist gar nicht möglich. Das sei die Realität. Dann ist natürlich jeder Rat vergebens. Denn wer weiß es schon besser als die Realität. So lebt den so Denkenden diese „unveränderbare" Realität.

Was passiert, wenn immer mehr Menschen diese „unveränderbare" Realität hinterfragen und sich für eine tiefere Realität interessieren? Wenn sie ihr Leben nicht mehr durch den Filter ihrer jetzigen Realität begrenzen?

Wer schon versucht hat, umzudenken und Begrenzungen abzubauen, sich dabei aber im Gedankenkampf im Kopf verloren hat, dem weiß ich einen erfolgreichen Weg: den Weg des Herzens. Im Herzen haben wir die Verbindung mit dem göttlichen Bewusstsein. Das führt uns aus dem Sumpf der beschränkten Glaubenssätze hinaus. Wo vorher Mauern waren, öffnen sich plötzlich Türen durch das Bewusstwerden des eigenen Verhaltens, das zu der Begrenzung geführt hat.

Den Verstand selbst bestimmen

Wir brauchen den Verstand, um uns in der Welt zurecht zu finden. Darum versuchen auch die Ego-Komplexe, ihn für ihre Zwecke zu nutzen. Das heißt, sie wollen den an sich neutralen Verstand in ihrem Sinne prägen, also in den Gehirnen der Menschen ihre Vorstellungen einprogrammieren.

Darum sollten wir, wenn wir frei sein wollen, bewusst leben und den Verstand nicht einfach unkontrolliert rattern lassen. Wir sollten ihm immer wieder sagen, was er tun soll, ihm immer wieder klare Vorgaben machen. Der Verstand, bzw. das Gehirn, ist keine göttliche Instanz, sondern einfach nur ein gigantischer, global vernetzter Supercomputer. Sind wir selbst – und nicht andere – seine Programmierer, dann haben wir in ihm einen wunderbaren Helfer. Wir – und nicht andere – müssen ihm bewusst die Prämissen, die Glaubenssätze vorgeben, die seinem Koordinieren und Analysieren zugrunde liegen sollen.

Doch wer sagt uns, welche Glaubenssätze die richtigen sind? Nur das Herz! In ihm ist der Zugang zum ewigen Bewusstsein, zu der Urinstanz, die über der menschlichen Programmierung steht und die uns, so wir das wollen, frei macht und zu ganz neuen Sichtweisen führt, zu Klarheit, zu Verständnis und Wohlwollen. Es ist die unerschöpfliche Quelle des Lebens selbst!

Nicht „Kopf hoch" sondern „Herz auf"

Warum sind wir oft überfordert? Weil unser menschlicher Verstand, auf den wir bauen, beschränkt ist. Die

Hilflosigkeit sollte uns dabei nicht hoffnungslos machen, sondern nur zeigen, dass wir für die wahre Lebensbemeisterung eine andere Quelle als unseren Verstand brauchen. Dies ist die Herzensquelle.

Es ist die Urkraft, die Urintelligenz in unserem Herzen, die uns ruft, das ewige Bewusstsein, das die Liebe und Urschöpferkraft allen Seins ist. Aus Liebe zu uns klopft diese universelle Intelligenz jeden Augenblick an unsere Herzenstür und bittet uns, sich von ihr führen zu lassen und den beschränkten, immer wieder Leid bringenden Eigenwillen loszulassen.

Jeden Augenblick, also jetzt, haben wir die Möglichkeit, uns für die Beschränkung oder für die innere Freiheit des Seins zu entscheiden. Glücklich ist, wer demütig zu lernen bereit ist, diese inneren Hilfen unseres Herzens wahrzunehmen und anzunehmen und sich führen zu lassen. Kindliche Ehrlichkeit ist dabei die Brücke zum Sein.

Innenwärts

Warum ist die Gegenwart für uns so wichtig? Weil wir im Jetzt energetisch entscheiden, wie es mit uns weitergeht, in welche Richtung wir gehen. Jeder Augenblick ist für uns eine große Chance und kann ein großes Glück sein. Wann ist der Augenblick? Jetzt! Im Augenblick können wir immer sein, wenn wir wollen, und damit leben. Leider ist der Mensch manchmal so im Äußeren gefangen, dass er sein Wesen und den Augenblick vergisst.

Oft sind wir erst, wenn es uns nicht gut geht, wieder im Augenblick. Statt in einer solchen Situation nur zu jammern, nur zu klagen, nur in Selbstmitleid zu versinken oder gar dem ungewollten Zustand entfliehen zu wollen, sollten wir uns die große Chance bewusst machen, die wir jetzt in diesem Augenblick haben: Jetzt können wir unser Sosein mit Bewusstsein durchdringen, jetzt können wir umdrehen, jetzt können wir es „richtig" machen, uns für den „guten" Weg entscheiden. Jetzt können wir bereuen, was wir falsch machen und dadurch davon frei werden. Jetzt können wir Klarheit bekommen und uns von eigenwilligen

Kräften distanzieren. Jetzt können wir mit dem Bewusstsein gehen und uns von ihm führen lassen. Jetzt können wir bestimmen, wie es mit uns weitergeht. Jetzt ist der Augenblick, der unser weiteres Leben generiert und der unsere Seele befreien und glücklich machen kann. Was für ein gigantischer Moment ist jetzt!

Und wenn wir das göttliche Bewusstsein in unserem Herzen um Hilfe bitten, dann ist dieser Augenblick ein fruchtbarer Moment. Dann ist dieser Augenblick vom Bewusstsein gefüllt, und wir sind erfüllt. Wir erfassen und verstehen mehr und mehr, was mit uns los ist, warum es uns jetzt gut oder schlecht geht, was wir „richtig" oder „falsch" machen, ob wir selber leben oder uns leben lassen, was uns glücklich macht und was uns befreit, was wir wirklich von tiefstem Herzen wollen. Und wir können uns entscheiden: „Ewig, gütiges Bewusstsein, ich will mich jetzt „richtig" verhalten. Ich entscheide mich für den Weg, der in Einklang mit Deinem Willen ist, der mich frei und glücklich macht, der mich erfüllt. Dein Wille geschehe, ich will mit Dir gehen. Bitte führe mich, hilf mir."

So können wir jeden Augenblick entscheiden, dass wir innenwärts ins Licht, in die Freiheit, in ein bewusstes Leben wandern wollen. Wir können uns entscheiden, dass wir wieder nachhause gehen wollen in unsere Mitte. Dann wird es immer heller in uns, immer freier, leichter, schöner. Wir fühlen uns erfüllter, glücklicher, kraftvoller, lebendiger, bewusster...

Der Reichtum in mulmigen Gefühlen

Auch in den unangenehmen Gefühlen, die wir am liebsten so schnell wie möglich weghaben wollen, ist oft ein innerer Reichtum verborgen, den das Leben uns schenken möchte.

Dazu ein Beispiel:
Ein Mensch in unserem näheren Umfeld ist uns auf dem Weg der Entfaltung im Wege. Sein dominantes Auftreten lähmt uns. Er ist geistig für uns wie eine Schranke, wie eine Mauer, die wir nicht überwinden können, die uns daran hindert, gedanklich und ge-fühlsmäßig frei zu sein. Wir fühlen uns von ihm kriti-

siert, abgewertet, eingesperrt, unterdrückt, und wissen eigentlich gar nicht so genau warum. Wir sehen keinen Ausweg.

Mit dem Kopf gehen wir alle möglichen Lösungen durch, die uns aus der Enge herausführen sollten, aber irgendwie finden wir keine Wege, höchstens krumme, und die wollen wir nicht gehen. Kämpfen und Kontern geht auch nicht, denn da haben wir kein gutes Gefühl. Die Situation ist auch noch zu unklar und zu verworren, und wir wollen auch nicht mit unkontrollierten Emotionen Leid und Zerstörung bringen oder sogar ungerecht sein. Es ist ja auch nicht effektiv etwas da, was wir ihm vorwerfen könnten.

Nichts zu tun, nicht zu reagieren, geht aber auch nicht, denn dann bleiben wir innerlich dauergelähmt und tümpeln vor uns hin.

Was ist zu tun? Was ist der Ausweg?
Sich kindlich-ehrlich an das göttliche Bewusstsein im Herzen zu wenden. Es um Hilfe und Führung zu bitten und ihm alles, wie einem Therapeuten, zu erzählen. Ihm alle Gedanken, Gefühle und Emotionen anzuver-

trauen, einfach ihm gegenüber grundehrlich zu sein. Dann bleibt die innere Hilfe nicht aus.

Natürlich werden wir das Bewusstsein nicht für unser eigenwilliges Wollen gewinnen können. Dafür gibt es uns keine Energie. Aber es lässt uns zum Beispiel den Reichtum fühlen, den die einengende Situation für uns enthält. Und damit sind wir wieder am Ausgangspunkt unserer Betrachtung.

In dem Gefühlsschmerz und der hoffnungslos machenden Lähmung sehen wir plötzlich ganz andere Seiten, die wir als seelischen Reichtum und als ein Geschenk empfinden. Wir erfassen zum Beispiel, wie grausam es für einen Menschen ist, auch nur in Gedanken dominiert, kritisiert und abgewertet zu werden. Und diese Erkenntnis ist nicht schmerzhaft, sondern eindrücklich und befreiend. Unser Horizont wird größer.

Wir sehen vielleicht, wo wir mit unserem Verhalten, mit unseren Gedanken auch anderen im Wege gestanden sind oder noch stehen. Wo wir andere auch gelähmt und abgewertet haben oder es noch tun. Wir fühlen, wie schrecklich, ja brutal so ein Verhalten für den Betroffenen ist, was wir in ihm für ein Leiden erzeugen oder erzeugt haben. Und auch diese Erkenntnis tut nicht in erster Linie weh, sondern sie macht uns seelisch weit und erfüllt uns, denn in ihr steckt die Kraft der Einsicht und der Reue und somit die Kraft, sich verändern zu können, die Kraft der Umkehr.

Jetzt verstehen wir unseren "Widersacher" und können ihm innerlich die von ihm ausgehenden, uns lähmenden Gedanken ohne Wut und ohne Hass, aber erkenntnisreich, zurückstrahlen. Und augenblicklich fühlen wir uns freier. Wir freuen uns, uns ändern zu können. Visionen kommen, Wege tun sich auf. Wir sind wieder erfüllt und glücklich und um Vieles seelisch reicher.

Vielleicht macht uns eine solche Situation auch bewusst, wie unreflektiert wir dominanten Einflüssen dienen, bloß weil sie uns bedrohen und Angst machen. Das Bewusstsein gibt uns dann die Sicherheit, dem drängenden inneren oder äußeren "Kritiker" klar zu begegnen…

Das ist der erlösende Weg mit Gott!

Das Herz befreit uns

Es ist ein herrlicher Tag, wunderschönes Wetter, warm und sonnendurchflutet. „Heute will ich einmal nichts tun", denkt Herr M. „Einfach nur genießen, auf der Terrasse sitzen und relaxen." Und das tut er. Aber er hält es nicht lange aus. Statt zu entspannen und zu genießen, wird er unruhig und zappelig, und es drängt ihn, den Sessel zu verlassen und etwas zu tun. Trotzdem bleibt er sitzen, denn das hat er sich ja vorgenommen, ohne Verpflichtungen einfach nur zu entspannen und zu genießen. Doch das gelingt ihm nicht.

Etwas in seinem Inneren drängt ihn, ein innerer Befehlshaber, der ihm keine Ruhe lässt und ihn laufend stört. „Warum kann ich nicht einfach einmal entspannen? Warum habe ich keine Ruhe in mir?" fragt sich Herr M. „Einfach ignorieren", nimmt er sich vor. Das lässt sich der innere Herrscher aber nicht gefallen und wird energischer, bestimmter und lauter. „Was willst Du denn von mir?" fragt Herr M. „Du solltest etwas tun und nicht einfach nur so faul herumsitzen und Deine kostbare Zeit mit Nichtstun vertun!" „Das ist doch Quatsch", erwidert Herr M. kämpferisch. „Ich darf mir doch auch einmal ein wenig Ruhe gönnen, ich mache ja genug." „Wenn Du Deine Zeit und Deine Inkarnation einfach nur vertrödeln willst...", sagt der innere Kritiker böse. Und er tischt ihm viele weitere Argumente auf, warum er nicht einfach so sitzen bleiben kann, und es folgen Drohungen und Abwertungen und Kritik über Kritik. Herr M. verteidigt sich tapfer und kontert mit Gegenargumenten, wird aber dabei immer zappeliger und unruhiger. Er wird dem inneren Kritiker und Befehlshaber nicht Herr. Der dröhnt ihn mehr und mehr zu. Herr M. bekommt ein schlechtes Gewissen und seine Freude am ersehnten Nichtstun schwindet. Die Unzufriedenheit wächst.

Was passiert hier? Ein Ego-Programm steuert Herrn M. Das Programm: „Richtig lebt man nur, wenn man etwas leistet. Faulenzer und Nichtstuer sind nichts wert. Sie sind Schmarotzer, die niemandem nützen. Sie vertun sinnlos ihr Leben. Wertvoll und nützlich ist nur, wer etwas leistet, wer Sinnvolles tut, etwas für die Gemeinschaft und für andere tut, wer etwas bewegt und bewirkt. Und ich mache das alles. Ich leiste viel und tue Gutes, bin nützlich und fleißig, vertue meine Zeit nicht mit Sinnlosem..."

Dieses Programm lebt und bestimmt Herrn M. Ein Programm, das ihn fest im Griff hat. Wenn Herr M. will, hat er jetzt an diesem Faulenzertag die Chance, dieses Programm zu durchschauen und seine Enge und Unfreiheit zu merken, einzugestehen und zu durchbrechen.

Leider schafft das Herr M. nicht. Er lässt sich von seinem inneren Kritiker drängen und gibt sein Faulenzer-Vorhaben auf. Statt zu relaxen, macht er sich im Haus nützlich und bereitet schon einmal den morgigen Tag vor, indem er Fachliteratur studiert. Auch wenn er dies alles eigentlich nicht möchte, macht er es trotzdem. Er fühlt sich dabei auch nicht gut, aber viel besser, als wenn er im bequemen Sessel sitzen geblieben wäre. Er hat so kein schlechtes Gewissen, höchstens noch ein wenig, dass er überhaupt auf die Idee gekommen ist, so einen Faulenzertag einzulegen. Nun ja, er macht es ja wieder gut, und so wird wohl auch Gott mit ihm zufrieden sein, denkt er.

Die Wahrheit ist, Gott, das ewige Bewusstsein, hätte ihm den Faulenzertag gegönnt, ja wäre für ihn froh gewesen, er hätte sich nicht von diesem engen, wertenden Programm leben lassen, sondern hätte es durchschaut und wäre dadurch von ihm frei geworden. Hätte Herr M. im Sessel sich nicht nur vom Kopf leben lassen, sondern wäre in sein Herz gegangen und hätte das Bewusstsein um Hilfe und Führung gebeten, wäre alles ganz anders gekommen und Herr M. hätte Riesenschritte in ein freieres Leben gehen können.

Der Ausbruch aus dem Gewohnten hat Herrn M. eine große Chance geschenkt, die Herr M. nicht bemerkte und nicht zu nutzen wusste.

Das bewusste Erfassen, was in uns vorgeht, schaffen wir nicht allein mit dem Kopf. Da braucht es das Herz dazu. Der Kopf ohne Herz ist mit dem engen Programm verstrickt und steht nicht darüber. Allein mit dem Kopf können wir nicht den Beobachterstatus einnehmen, der uns erst ermöglicht zu erfassen, was in uns vorgeht. Dazu brauchen wir das Herz, denn im Herzen haben wir den Zugang zum göttlichen Bewusstsein, das über allen diesen von uns selbst geschaffenen engen Ego-Programmen steht, wie das Leistungsprogramm von Herrn M. eines von unzähligen ist. Bewusstsein kann uns erlösen, nicht aber das Denken.

Wenn wir also frei werden wollen von Programmen, die uns steuern, schaffen wir das nicht ohne Bewusstsein, und somit nicht ohne unser Herz. Und zu diesem uns frei machenden Bewusstsein finden wir nur, wenn wir das wollen und wenn wir bereit sind, uns ehrlich anzuschauen und zu beobachten.

Um unseren von engen Programmen gesteuerten Ego-Zustand zu erkennen, bekommen wir laufend, letztlich in jedem Augenblick, viele Möglichkeiten, wenn wir das wollen und das Bewusstsein in unserem Herzen als Erwecker und Helfer akzeptieren. Mit jeder genutzten Möglichkeit befreien wir uns mehr aus der Enge und nähern uns wieder dem freien Wesen, das wir im tiefsten Inneren sind.

Mit dem Herzen positiv denken

Das bewusste positive Denken funktioniert bei vielen Menschen nicht, wie wir gesehen haben. Es ist entweder zu oberflächlich, zu kopflastig, und somit unehrlich, illusionär, kraftlos, oder aber der Versuch, positiv zu denken, verkehrt sich ins Gegenteil. Das negative Denken und dunkle Gefühlswolken dominieren.

Warum denken wir so oft negativ? Weil wir als Ego in einem ständigen Kampf mit anderen Egos sind. All das, was wir gegen den Nächsten haben, kommt beim Nächsten wirklich an und umgekehrt. Darum gibt es die Gegensätze: Arme und Reiche, Sieger und Besiegte, Herrscher und Beherrschte, Erfolgreiche und Erfolglose… Wenn wir darum als Ego anfangen „ego-positiv" zu denken, aktivieren wir sogleich das Konkurrenzdenken und unsere Ego-Rivalen, und der Kampf um den Kuchen beginnt. Da ist es dann tatsächlich schwer, daran zu glauben, dass wir dieses oder jenes Kuchenstück bekommen, zumal andere Egos vielleicht viel gedankenkampferprobter sind als wir und vielleicht auch mit allen nur erdenklichen, auch unschönen gedanklichen Mitteln, zu kämpfen bereit sind.

Auf eine solche Art „ego-erfolgreich" zu werden, verlangt dann schon viel Gedankenkampf und sehr viel Ausdauer und Einsatz, auf dass wir vielleicht irgendwann einmal „ego-erfolgreich" sind. Aber ist das überhaupt positiv gedacht?

Das positive Denken, das ganz sicher funktioniert und uns erfüllt, ist das positive Denken mit dem Herzen. Das „Ego-Positive-Denken" spielt sich innerhalb der Ego-Komplexe ab. Die Ego-Energiefelder steuern uns und zwingen uns den Kampf auf. Unser geistiges Herz aber steht über diesen selbst geschaffenen Ego-Energiefeldern und öffnet uns die Türen zu unserem wahren Wesen.

Im Herzen führt und hilft uns das ewige Bewusstsein, wenn wir das wollen, und weist uns den Weg heraus aus der Enge in die Freiheit des Seins. Die positiven Gedanken, die aus dem Herzen kommen, sind darum auch energiegefüllt und unterstehen nicht den Ego-Gesetzen des Kampfes und des Gegeneinanders. Die Herzensgedanken machen uns frei und glücklich. Mit ihnen strahlt durch uns das Urenergiefeld des göttlichen Bewusstseins. Nach dem Gesetz der Anziehung ziehen wir dann auch mehr und mehr das an, was uns von Herzen erfüllt, befreit und glücklich macht.

Gedanken frei begegnen

Was ist, können wir nicht ändern, weil es ist. Darum können wir auch einen Gedanken nicht verleugnen, auch wenn er negativ ist, denn wenn ein Gedanke kommt, ist er. Wir können nicht sagen, dass es ihn nicht gibt, er ist, auch wenn wir ihn nicht wollen oder er uns unangenehm ist oder uns Angst macht. Ob er sein darf oder nicht sein darf, ändert auch nichts an der Tatsache, dass er ist.

Wir können natürlich gegen ihn kämpfen, also ihm Widerstand entgegen bringen. Dann geben wir ihm aber sehr viel Beachtung, d.h. der Gedanke wird aufgebaut, bekommt von uns Energie. Statt dass wir ihn loswerden, geht er auch in Widerstand und wird stärker, drängender.

Das Beste, was wir tun können, ist, ihn als Gedankenrealität anzuerkennen, ihm aber als neutraler Beobachter frei zu begegnen. Meistens stecken hinter einem Gedanken ganze Gedankenketten. Wir achten aber darauf, uns nicht reinziehen zu lassen, sondern weiterhin einfach nur neutral zu beobachten und unsere Beobachtungen dem ewigen Bewusstsein in unserem Herzen zu berichten.

Wenn wir dabei das Bewusstsein ehrlich um Hilfe und um Führung und Schutz bitten, dann gelingt es uns auch immer mehr, uns nicht in der Gedankenwelt zu verlieren, sondern neutraler Beobachter zu bleiben. Dann erleben wir unser wahres, inneres Ich im Gegensatz zu dem in Gedanken verstrickten oberflächlichen Ich, dem Ego.

Gefühlen nicht ausweichen

Drängenden Gedanken und Gefühlen sollten wir also nicht ausweichen, sondern sie einfach nur anschauen. Und wenn die Gedanken und Gefühle uns glauben machen wollen, in einer ausweglosen, hoffnungslosen Situation zu sein, oder auch furchtbar schuldig oder

schlecht zu sein, so belassen wir es bei der Wahrneh-
mung.

Wir kämpfen nicht gegen die entmutigenden Gedanken, nehmen ihre Behauptungen einfach nur zur
Kenntnis, auch wenn es seelisch weh tut und uns
Angst macht. Und dann vertrauen wir uns von ganzem
Herzen dem Bewusstsein an. Die göttliche Kraft in uns
soll entscheiden, ob die Situation hoffnungslos oder
ausweglos ist, ob wir schuldig oder schlecht sind, und
nicht der Gedankensumpf.

Dann erleben wir, wie wir von innen her Hilfe bekommen. Wie das Bewusstsein uns aufschlüsselt, was hier
passiert. Das Bewusstsein, das immer unseren freien
Willen achtet, und darum nicht eingreift, wenn wir das
nicht ausdrücklich wollen, hat nur darauf gewartet,
dass wir uns ihm anvertrauen und seine Hilfe annehmen wollen. Denn das Bewusstsein möchte nur eines:
dass wir frei, glücklich und erfüllt sind.

Den inneren Lichtschalter drücken

Manchmal geht es uns nicht gut, wir alle kennen das. Wir hängen durch, wir fühlen uns schlecht, sind vielleicht auch diffus traurig, antriebslos, vielleicht sogar depressiv. Wir haben auf nichts Bock, zu nichts Lust. Alles ist irgendwie freudlos, sinnlos, hoffnungslos...

Wir sollten nicht versuchen, diesen Zustand weghaben zu wollen, denn das verstärkt ihn nur. Wir sollten aber auch nicht in diesem Zustand einfach nur teilnahmslos hängen bleiben.
Was dann?

Wir drücken den inneren Lichtschalter.

Wenn wir uns einem solchen engen Zustand ausgeliefert fühlen, dann bleiben wir darin hängen. Das aber muss nicht sein. Wir müssen uns vom Grundgefühl her nicht mit dieser Wolke identifizieren. Das sind nicht wirklich wir.

Gestehen wir uns ehrlich ein, dass dieser Zustand unangenehm, ja furchtbar ist. Machen wir uns aber auch bewusst, das heißt, wir drücken den inneren Lichtschalter, dass wir vom ewigen Bewusstsein geschützt und behütet sind. Gott, das ewige Bewusstsein in unserem Herzen, lässt uns diesen Zustand nicht fühlen, weil er will, dass wir leiden, sondern weil jetzt der Moment ist, diesen dunklen Zustand anzuschauen und zu lösen, ihn mit Bewusstsein zu durchdringen, die Energieblockade abzubauen. Jetzt ist ein wichtiger Augenblick in unserem Leben. Nehmen wir uns Zeit dafür!

Bitten wir das heilende Bewusstsein in unserem Herzen um Hilfe und Führung, auch um seinen Schutz und sein Heil. Danken wir ihm, dass es uns jetzt die Möglichkeit gibt, diese dunklen Wolken mit Bewusstsein zu durchdringen, und erzählen ihm offen und ehrlich alles, was wir jetzt gerade denken, was uns beschäftigt, wie wir uns fühlen. Wir dürfen auch jammern und schimpfen. Seien wir einfach nur tief ehrlich. Wir dürfen sicher sein, das ewige Bewusstsein ist bei uns und hört uns helfend zu. Vertrauen wir ihm und vertrauen wir ihm alles an! Das heilende Licht bewirkt Wunder.

Wenn wir den inneren Lichtschalter drücken, dann realisieren wir, dass zwischen dem drängenden, dunklen Gefühlszustand und unserem wahren Wesen ein großer Unterschied ist. Wir sind von unserem Wesen her nicht dieser Wolken-Gefühlszustand. Die Gedankenwolken gehören dem Ego, nicht aber unserem wahren Ich.

Ich kenne hoffnungslose Gefühle, zum Beispiel das Gefühl, dass jetzt alles nur abwärts geht, alles sinnlos, chancenlos, eben hoffnungslos ist. Wenn ich mit dieser Hoffnungslosigkeit zum Bewusstsein im Herzen gehe, dann erfasse ich, dass es auch in dieser Hoffnungslosigkeit eine gute Seite gibt. Und die heißt zum Beispiel: „Der Eigenwille macht wirklich alles hoffnungslos, er führt zwangsweise früher oder später in den Abgrund." Und gefühlsmäßig spüre ich: „Das ist gut so, denn es wäre schlimm, wenn der Egoismus und die Eigensucht wirklich Erfolg hätten. Nur das ewige Bewusstsein hat Bestand und kann uns alle einzig glücklich machen."

Dann fühle ich Freude und das Geschenk, dass ich, und jeder andere auch, jederzeit umdrehen und sich vom Bewusstsein heimholen lassen kann.

Und es ist eine Befreiung, sich dem göttlichen Be-wusstsein hinzugeben und anzuvertrauen, sich zu entscheiden, mit ihm zu gehen, den richtigen Weg einzuschlagen, heim- und innenwärts zu gehen.

Im Bewusstsein müssen wir nichts müssen. Wir sind das, was unser wahres Ich ist. Und wir bekommen das, was wir uns von tiefstem Herzen wünschen.

Sich auffangen lassen

Loslassen ist das Zauberwort für unsere Seele. Aber viele Menschen haben Angst, loszulassen, also einfach zu sein, weil sie glauben, dann in einen Zustand zu fallen, vor dem sie sich zu tiefst fürchten und der ihnen Dinge beschert, die sie nie möchten.

Und natürlich hat diese Befürchtung ihre Berechtigung, wenn ein Mensch auf sein Ego baut und somit den brutalen Kampf-Gesetzen der Ego-Energiefelder aus-gesetzt ist. Wenn sein jetziger Zustand, den er behal-ten möchte, auf dem Sieg gegen seine Mitmenschen in den vielen menschlichen Kämpfen beruht, dann muss er immer stark sein, um seine Macht- und Siegesposition zu halten, um sich gegen seine Konkurrenten und gegen die Menschen, die er unterdrückt und ausnutzt, zu behaupten. Und das wird zunehmend schwerer, weil seine Konkurrenten sich auch für ihren Sieg rüsten, und die Unterdrückten erwachen, um gegen ihn zu kontern. Dann ist Loslassen wirklich nicht einfach! Man ist dann ständig in der Position eines Strategen, der neue Kampf- und Schlachtpläne aushecken muss, bzw. eines Feldherrn, der die Schlacht gewinnen muss.

Und doch ist das Loslassen der einzige Weg in die innere Freiheit, in das wirkliche Glück.

Wir alle haben in unserem Herzen einen Zugang zum göttlichen Bewusstsein, das über allen Ego-Komplexen steht. Das Bewusstsein will für uns nur das Beste und hilft uns unermüdlich, unseren Anteil an den Leid bringenden Ego-Gedanken-Energiefeldern zu erkennen. Dadurch können wir sie bereuen und loslassen. Voraussetzung ist: Wir vertrauen uns dem Bewusstsein aufrichtig und ehrlich an.

Dann wird plötzlich das Loslassen zur Befreiung. Und die Erfahrungen, die wir dabei machen, sind erfüllend: Wir erleben, dass wir, wie es Margot Käßmann geschrieben hat, nie tiefer fallen können als in Gottes Hand. Und wir erleben, dass nicht unser kämpfendes und sich immer behaupten müssendes Ego unser Wesen ist, sondern dass wir das Kind einer inneren, liebevollen, immensen Kraft sind, die uns auffängt, die nie versiegt und uns nie im Stich lässt.

Bewusst in die Freiheit

Die hellen wie die dunklen Seiten unserer äußeren Welt haben ihre Vorläufer in den Gedanken von uns Menschen. Wer seine Gedanken beobachtet, stößt darum nicht nur auf helle, sondern auch auf dunkle Kräfte. Dunkle Gedankenkomplexe gebärden sich dabei in unserem Inneren oft dominant und absolut. Damit täuschen sie uns, um uns beherrschen zu können.

Was können wir tun, um nicht von dunklen Gedanken-
kräften vereinnahmt zu werden? Bewusst leben und
die Hilfe unseres Herzens erbitten. „Erlöse uns von
dem Bösen", beten darum viele Christen im „Vater
unser". Was kennzeichnet solche dominant auftreten-
den, dunklen Gedankenwolken? Welche Gefühle dominieren uns, wenn sie wirken? Die Merkmale sind ein-
deutig: Angst, Beklemmung, Abwertung, Ausweglosigkeit, Hoffnungslosigkeit, Bedrohung, Einschüchterung,
Zwang, Druck, Nötigung, Unfreiheit, Missachtung des
freien Willens, Dunkelheit, Unklarheit, Unbewusstheit,
Unordnung... Sobald uns solche Gefühle bedrängen,
dürfen wir sicher sein, es nicht mit göttlichen Kräften
zu tun zu haben.

Den beklemmenden, Angst machenden Gedanken und
Gefühlen sollten wir uns innerlich stellen. Und das
können wir nie besser als dann, wenn sie da sind und
uns bedrängen. Dann ist der wichtige Augenblick da,
in dem das Bewusstsein uns befreien, erhellen und
erlösen kann. Wir dürfen dem Bewusstsein in unserem
Herzen vertrauen. Es führt uns, hilft uns, heilt und
schützt uns, wenn wir das wollen und uns ihm von
ganzem Herzen anvertrauen.

Der Weg mit dem göttlichen Bewusstsein ist der Weg der Befreiung, der Weg der Entfaltung, der Weg in die Fülle. Der Weg des Bewusstseins ist der Weg zum inneren Reichtum, der sich auch im Äußeren spiegeln darf. Der Weg des Bewusstseins ist der Weg ins Licht. Der Weg des Bewusstseins befreit uns von der Bewusstseinsenge. Er führt uns heim in die Leichtigkeit des Seins.

Zurück ins Bewusstsein

Als Ego sind wir Schöpfer unserer kleinen, eigenwilligen Welt. Die eigene Welt zu schöpfen, hat Konsequenzen: Wir müssen unsere schöpferische Aktivität selbst erleben im Sinne von: Was du säst, wirst du ernten. Als Macher kommen wir uns oft groß und wichtig und bedeutend vor, als kleiner Gott, und sind stolz auf uns. Da wir aber als Ego ein unvollkommener Schöpfer sind, bekommen wir auch bald die Folgen unserer unvollkommenen kleinen Schöpfung zu spüren.

Gott spielen wir gerne, aber plötzlich unvollkommen zu sein, an allem Möglichen Schuld zu sein, damit haben wir Mühe. Gerne verdrängen wir diese Gefühle und sind sehr erfinderisch in der Schuldzuweisung und im Ausreden suchen.

Dabei ist das Fehlermachen und Schuldigsein für das Bewusstsein nichts Schlimmes, nur für unser Ego. Verurteilung, Verdammung, Wertungen, Strafen usw. sind auch wieder nur unsere eigenwilligen Schöpfungen, wie alle Begrenzungen und Einengungen. Und die schimpfende Donnerstimme ist auch nicht Gott, sondern unser Ego.

Dem göttlichen Bewusstsein geht es nicht um Verurteilung, nicht um Verdammung, nicht um Wertungen, nicht wirklich um Schuld, sondern um unsere Erkenntnis, um unser Heil: Es will uns die Erfahrung machen lassen, was glücklich macht und was unglücklich, auf dass wir leben, was uns glücklich macht und lassen, was uns nicht bekommt. Es will uns um unserer selbst willen den Weg des Glücks, der Ernsthaftigkeit, aber auch der Leichtigkeit, der Geborgenheit, der Freude usw. weisen, ohne uns das höchste Gut, den freien

Willen, zu nehmen, auf dass wir als seine Kinder in und mit ihm in alle Ewigkeit erfüllte Wesen des Lichts sind.

Das Herz will uns zeigen, dass es ein vollkommenes Bewusstsein gibt, das uns glücklich macht und erfüllt. Es will uns zeigen, dass es uns nur in der Einheit dieses vollkommenen Ur-Bewusstseins wirklich gut geht. Und dass das Verlassen dieses Ur-Bewusstseins zwangsweise zu einer Bewusstseinseinschränkung führt, die uns leiden lässt. Anders ausgedrückt: Hochmut kommt vor dem Fall, Demut aber erlöst und führt uns wieder zurück in unser wahres Sein.

Vereinigt im ewigen Bewusstsein

Wer täglich übt, alles in der inneren Hinwendung mit dem göttlichen Bewusstsein zu besprechen und dieses Bewusstsein um Führung und Hilfe bittet, der steigt allmählich aus dem Ego-Karussell aus. Das göttliche Bewusstsein ist die Urkraft, die Ungeahntes möglich macht.

Insofern möchte man rufen:

Gutwillige aller Nationen vereinigt Euch im ewig-reinen Bewusstsein, das in unserem Herzen wohnt.

Anmerkungen

1) Eckehart Tolle. Eine neue Erde. Bewusstseinssprung anstelle von Selbstzerstörung. München 2005. 10. Auflage. Goldmann Arkana. S. 68 – 69.
2) Siehe dazu auch: Sigrid Engelbrecht. Lass Dich nicht vereinnahmen. Die beste Strategie, sich von den Ansprüchen anderer zu befreien. München 2010. Gräfer und Unzer Verlag.
3) Bronnie Ware. 5 Dinge, die Sterbende am meisten bereuen. Einsichten, die Ihr Leben verändern werden. 9. Auflage. München 2015. Goldmann.
4) Jochen Peichl. Rote Karte für den inneren Kritiker. Wie aus dem ewigen Miesmacher ein Verbündeter wird. 3. Auflage. München 2014. Kösel
5) Film von Regisseur Taylor Hackford. Im Auftrag des Teufels. 1997

Weitere Bücher von Rolf Börlin im Verlag tredition:

Schluss mit dem bösen Gott
Aus der Enge in die Freiheit. 185 Seiten. 2016.
ISBN 978-3-7345-1161-5 (Paperback)
ISBN 978-3-7345-1162-2 (Hardcover)
ISBN 978-3-7345-1163-9 (e-Book)

Das vegane Suppenkochbuch
Suppen neu entdecken. 157 Seiten. 59 ganzseitige Abbildungen. 2017.
ISBN 978-3-7345-7037-7 (Taschenbuch)
ISBN 978-3-7345-7038-4 (Hardcover)
ISBN 978-3-7345-7039-1 (e-Book)

Besuchen Sie auch die Website von Rolf Börlin:
www-fit-ja.de

FSC
www.fsc.org
MIX
Papier | Fördert
gute Waldnutzung
FSC® C083411

Zeitfracht Medien GmbH
Ferdinand-Jühlke-Straße 7
99095 Erfurt, Deutschland
produktsicherheit@kolibri360.de